위엄가득 빅토리아 여왕

QUEEN VICTORIA AND HER AMUSEMENTS
Text ⓒ Alan MacDonald, 2002
Inside Illustrations ⓒ Clive Goddard, 2002
Cover Illustrations ⓒ Dave Smith, 2010
All rights reserved.
Korean translation copyright ⓒ 2010 by Gimm-Young Publishers, Inc.
Korean translation rights arranged with Scholastic Ltd through EYA
(Eric Yang Agency)

이 책의 한국어판 저작권은 에릭양 에이전시를 통해 Scholastic Ltd와 독점 계약한 (주)김영사에 있습니다. 저작권법에 의하여 한국 내에서 보호를 받는 저작물이므로 무단 전재와 복제를 금합니다.

위엄가득 빅토리아 여왕

앗, 이렇게 재미있는 사회·역사가!

앨런 맥도널드 글 | 클리브 고다드 그림 | 김은숙 옮김

주니어 김영사

위엄가득 빅토리아 여왕

1판 1쇄 인쇄 | 2007. 5. 3.
개정 1판 2쇄 인쇄 | 2021. 11. 30.

앨런 맥도널드 글 | 클리브 고다드 그림 | 김은숙 옮김

발행처 김영사 | 발행인 고세규
등록번호 제 406-2003-036호 | 등록일자 1979. 5. 17.
주소 경기도 파주시 문발로 197(우10881)
전화 마케팅부 031-955-3100 | 편집부 031-955-3113~20 | 팩스 031-955-3111

값은 표지에 있습니다.
ISBN 978-89-349-9860-0 74080
ISBN 978-89-349-9797-9 (세트)

좋은 독자가 좋은 책을 만듭니다. 김영사는 독자 여러분의 의견에 항상 귀 기울이고 있습니다.
전자우편 book@gimmyoung.com | 홈페이지 www.gimmyoungjr.com

이 도서의 국립중앙도서관 출판시도서목록(CIP)은 서지정보유통지원시스템
홈페이지(http://seoji.nl.go.kr)와 국가자료공동목록시스템(http://www.nl.go.kr/kolisnet)에서
이용하실 수 있습니다. (CIP제어번호: CIP2019031439)

어린이제품 안전특별법에 의한 표시사항
제품명 도서 제조년월일 2021년 11월 30일 제조사명 김영사 주소 10881 경기도 파주시 문발로 197
전화번호 031-955-3100 제조국명 대한민국 ⚠ 주의 책 모서리에 찍히거나 책장에 베이지 않게 조심하세요.

차례

들어가는 말	7
어린 드리나 공주	11
빅토리아, 여왕이 되다	29
단란한 결혼 생활	53
성실한 여왕	72
슬픔에 빠진 여왕	97
대영 제국의 영광	117
눈부신 빅토리아 시대	138
즉위 50주년	157
빅토리아 여왕의 죽음	174

들어가는 말

빅토리아 여왕이라고 하면 사람들은 흔히 못생기고 뚱뚱한 할머니를 떠올린다. 빅토리아 여왕은 엄격하고 고루한 데다가

엄청나게 까다로운 여왕으로 유명했으니까 그럴 만도 하다. 게다가 40년 동안 줄기차게 검정색 옷을 입고 죽을상을 지었다. 그리고 이런 말을 입에 달고 살았다.

> 짐은 하나도 재미없소!

빅토리아 여왕은 정말 그렇게 재미없는 사람이었을까?

사실 빅토리아 여왕은 웃음이 참 많았다. 그런데 그 시절에는 카메라로 사진을 찍으려면 한참을 기다려야 했다. 여왕이 내내 미소를 짓다가 지쳐서 시무룩한 표정을 지으면 그때서야 찰칵 하고 사진이 찍혔다!

빅토리아는 연극과 춤을 좋아하고 게임을 즐기는 팔팔한 열여덟 청춘에 여왕이 되었다. 그리고 여러분도 이 책을 읽으면 알겠지만 빅토리아는 아주 재미나게 지냈다. 여러분이 이런 사실을 알 리가 없지!

- 빅토리아는 남편 앨버트 공이 죽은 뒤에도 앨버트의 요강을 날마다 깨끗이 씻어 두었다.
- 빅토리아는 종종 변장을 하고 다녔다.
- 빅토리아는 아프리카 추장에게 자신이 쓰던 레이스 모자를 하사했다.

빅토리아는 무려 63년 동안 나라를 다스려 영국 역사상 가장 오랫동안 왕위를 지킨 군주가 되었다. 그동안 세상은 알아볼 수 없을 만큼 변했다. 빅토리아는 길거리에 마차가 다니던 시대에 태어나서 하늘에 비행기가 떠다니는 시대까지 살았다. 여러분도 〈빅토리아 타임스〉와 빅토리아 여왕의 비밀 일기를 읽으면 검은색 상복 뒤에 가려진 빅토리아 여왕의 진짜 모습을 발견할 수 있을 것이다. 그럼 지금부터 강력한 대영 제국과 빅토리아 여왕에 대한 재미난 이야기를 만나 보자.

빅토리아의 어린 시절

*구빈법: 가난한 사람들을 구제하기 위한 법률.
*구빈원: 가난한 사람들에게 일자리를 주거나 노약자를 수용하기 위해 만들어졌지만 사실은 강제 노동을 시킨 곳.

1835년: 빅토리아는 영국을 둘러보다가 가난한 사람들을 보았다.

앗, 저기도 있네!

1837년: 항해왕 윌리엄 4세가 세상을 떠나면서 열여덟 살 난 빅토리아가 여왕이 되었다.

꼴까닥!

내가 여왕이에요?

1839년: 이른바 '시녀 사건'이 일어났다. 빅토리아는 완강하게 버티며 시녀들을 내보내지 않았다. 그리고 최초의 사진기가 발명되었다.

'김치' 하세요!

몰라!

쿵!

1840년: 빅토리아 여왕은 앨버트 공과 결혼했다. 빅토리아의 초상이 그려진 최초의 우표인 (페니짜리 흑색 우표(별칭은 '페니 블랙')가 등장했다. 빅토리아의 첫 아이 빅토리아 공주가 태어났다.

1841년: 에드워드 왕자가 태어났다. 하지만 에드워드 왕자는 오랜 세월이 지난 뒤에야 왕위에 오르게 된다.

치잇!

어린 드리나 공주

　1819년, 마차 한 대가 덜컹거리며 독일을 거쳐 프랑스로 가고 있었다. 마부 자리에 앉은 남자는 급하게 마차를 몰았다. 배가 잔뜩 부른 그의 아내는 이리저리 흔들리는 마차 안에서 빨리 목적지에 도착하기만을 간절히 바랐다.

　마차를 모는 사람은 켄트 공작이었다. 그리고 마차 안에는 임신한 켄트 공작 부인이 앉아 있었다. 공작 부부는 태어날 아이가 언젠가 영국 여왕이 될 것이라는 집시의 예언을 들었다. 이루어질 가능성이 희박한 예언이었지만 켄트 공작은 사람 일은 모르는 법이라고 생각했다. 그래서 반드시 영국에서 아이를 낳을 생각이었다.

켄트 공작과 부인은 무사히 영국에 도착했고, 5월 24일 켄싱턴 궁에서 아이를 낳았다. 빅토리아의 할머니는 빅토리아를 '산사나무의 흰 꽃'이라고 불렀지만, 빅토리아는 그다지 예쁘지 않았다.

켄트 공작

빅토리아의 아버지조차 그 사실을 인정할 정도였으니까!

빅토리아는 어렸을 때부터 통통한 편이었지만, 그건 왕실의 내림이어서 어쩔 수 없었다. 빅토리아의 왕위 계승 순위는 겨우 5위였는데 당시 왕이었던 조지 3세에게는 왕위에 눈독을 들이는 못된 친척들이 차고 넘쳤다.

*섭정: 왕 대신에 나라를 다스리는 사람이나 일.

후계자에서 여왕으로 등극!

뚱뚱보 큰아버지들이 숱하게 버티고 있는 상황에서 빅토리아가 여왕이 되리라고는 아무도 예상하지 못했다. 하지만 얄궂은 운명 덕분에 빅토리아는 손 하나 까딱하지 않고 여왕이 되었다. 빅토리아의 큰아버지들이 왕위를 이을 후계자를 낳지 못했기 때문이다. 클래런스 큰아버지는 아이를 많이 낳았다. 하지만 정식으로 결혼한 부인의 아이들은 모조리 죽었고, 살아남은 아이들은 부인이 낳은 아이가 아니었기 때문에 후계자가 될 수 없었다. 영국 왕위 계승법에 따르면, 먼저 자손을 얻는 형제가 왕위를 계승하게 된다. 그래서 조지 3세의 넷째 아들인 빅토리아의 아버지가 형 조지 4세의 후계자가 되었다. 빅토리아의 아버지가 죽은 뒤에는 빅토리아가 법적 추정 상속인이 된다. 즉 옥좌에 앉을 가능성이 가장 높은 사람이라는 말! 물론 빅토리아가 태어난 1819년만 해도 일이 이렇게 돌아가리라고는 아무도 예상하지 못했다. 빅토리아는 왕실의 일원이었지만 특별히 중요한 아기는 아니었기 때문이다.

이제 아기의 이름을 짓는 사소한 문제가 남아 있었다. 하지만 시작부터 조짐이 안 좋았다.

아기의 세례명

여러분은 '빅토리아 시대'가 전혀 다른 시대로 불릴 뻔했다는 사실을 몰랐겠지? 사실 빅토리아 시대는 자칫하면 알렉산드리아 시대나 엘리자베스 시대가 될 뻔했다. 아기의 세례명을 둘러싸고 세례식에서 시끌벅적한 소동이 일어났기 때문이다.

이제부터 왕실의 세례식이라는 기쁜 행사를 상상해 보자. 세례식에는 아기의 부모인 켄트 공작 부부와 왕실 친척들이 참석했다. 아기의 대부인 뚱뚱보 조지 큰아버지는 곧 왕이 될 텐데도 뭐가 그렇게 불만인지 뾰로통한 표정이었다.

세례식은 켄싱턴 궁에서 거행되었다. 왕실에서는 켄싱턴 궁에 급히 붉은색 벨벳 커튼을 쳐서 장엄한 분위기를 연출했다.

조지는 아기의 세례식을 중요한 국가적인 행사로 취급하는 건 말도 안 된다며 심술을 부렸다. 조카가 온 국민의 관심을 독차지하는 것이 못마땅했기 때문이다. 세례식이 시작되었고, 대주교는 통통한 아기를 팔에 안고 세례반* 앞에서 "나는 이 아기의 이름을……."이라고 말하다가 잠시 주저했다. 그리고 뚱뚱보 조지 큰아버지를 쳐다보았다.

"알렉산드리나!"

조지 큰아버지가 짧게 대답했다.

사람들은 난처한 표정으로 침묵을 지켰다. 켄트 공작 부부는 이미 왕실의 관례대로 빅토리아 조지나 알렉산드리나 샬럿 어거스타라는 긴 이름을 지어 두었는데, 조지가 정해진 각본을

*세례반: 세례식에서 사용하는 큰 그릇.

어기고 나온 것이다. 켄트 공작은 쭈뼛거리며 '샬럿 어거스타'라고 덧붙였다. 조지는 단호히 거부하며 슬쩍 떠보았다.
"그럼 엘리자베스는 어때?"
켄트 공작이 고개를 내저었다. 뚱뚱보 조지는 아기에게 전통적인 왕실 이름을 붙여 주는 것이 싫었다. 마침내 켄트 공작 부인이 울음을 터뜨렸다. 뚱뚱보 조지는 공작 부인을 노려보면서 중얼거렸다.
"그러면 아이 엄마의 이름을 붙이시던지."
왕실 가족들 사이에 치열한 공방전이 오간 끝에 알렉산드리나 빅토리아라는 이름이 정해졌다. 빅토리아는 어릴 적에는 '꼬마 드리나'라고 불렸지만, 나중에는 빅토리아라는 이름을 선택했다. 이렇게 투덜쟁이 뚱뚱보 큰아버지의 변덕 덕분에 '빅토리아 시대'라는 이름이 탄생했다.

19세기 영국
빅토리아가 성장한 세계는 어떤 모습이었을까? 우선 당시에는 군주의 인기가 땅에 떨어져 있었다. 1820년, 뚱뚱보 조지 4세가 왕위에 올랐다. 그러나 국민들은 마차를 타고 거리를 지나가는 조지 4세를 보고 환호하기는커녕 비웃기에 바빴다.
더욱 중요한 사실은 빅토리아가 태어난 시기가 역사의 중요한 갈림길이었다는 점이다. 시골에 기계와 공장들이 들어서면서 새로운 세상이 열렸다. 바야흐로 산업 혁명이 영국의 지형을 바꾸어 놓은 것이다. 하지만 모든 변화가 좋은건 아니었다.

영국에는 변화의 바람이 일었고, 새로운 발명품들이 등장해 인기를 끌었다.

1. 최초의 수세식 화장실이 나왔다. 하지만 대부분의 가정에서는 여전히 양동이를 변기로 사용했다.

2. 런던 일부 지역에 가스등이 들어왔다.

3. 길이 새로 닦여서 우편 마차가 무려 시속 16~19km의 빠른 속도로 달리게 되었다.

4. 빅토리아를 포함한 몇몇 운 좋은 아기들이 처음으로 천연두 예방 접종을 맞았다.

한편 런던과 북쪽의 빈민가에서는 가난한 집의 아이들이 천연두와 콜레라, 이질 같은 무서운 병에 걸려서 죽었다. 하지만 그런 아이들이 어떻게 되든 빅토리아랑 무슨 상관이랴? 빅토리아는 가난한 사람들 따위는 만난 적도 없는데 말이야. 빅토리아는 인형이나 애완동물들과 놀고 엄마와 차를 마시며 즐거운 어린 시절을 보냈거든.

슬프고 따분한 어린 시절이라고?

빅토리아는 어른이 된 뒤에 '슬프고 따분한 어린 시절'을 보냈다고 말하곤 했다. 하지만 빅토리아가 왜 그렇게 투덜댔는지 이유를 모르겠다. 가난한 집에서 태어난 아이들에 비하면 빅토리아의 생활은 행복하고 한가롭기 그지없었다. 네 살 난 빅토리아가 평소에 어떻게 지냈는지 살펴보자.

빅토리아의 비밀 일기

오전 8시. 엄마와 함께 정원에서 아침을 먹었다. 나는 내 전용 식탁에 앉아서 빵과 우유와 과일을 먹었다.

오전 9시. 당나귀 디키를 타고 켄싱턴 궁의 정원을 거닐었다. 나는 정원에서 마주친 모든 귀족 아저씨와 아줌마들에게 "안녕하세요?"라고 인사했다.

오전 10시. 엄마와 함께 공부했다. 나는 곧 공부가 지겨워져서 인형 놀이를 하며 놀았다.

오후 1시 30분. 점심식사. 엄마는 건강에 좋은 음식을 먹어야 한다고 말했다.

오후 3시. 엄마 친구 집에 놀러 갔다. 엄마 친구들은 내 눈이 예쁜 푸른색이라고 칭찬했다. 나는 "나도 알거든요."하고 대답해 주었다.

저녁 7시. 저녁 식사. 은그릇에 담긴 빵과 우유를 먹고 마셨다.

저녁 9시. 엄마 방에서 잠이 들었다.

빅토리아가 심각하고 엄숙한 척하는 아이처럼 보일지도 모르지만 절대 그런 아이는 아니었다. 빅토리아는 정말 예의 바른 꼬마 숙녀였다. 사람들은 울타리 너머로 켄싱턴 궁 앞 잔디밭에서 노는 빅토리아를 보려고 몰려들곤 했다. 빅토리아는 사람들에게 무릎을 굽혀 인사하고 손으로 키스를 보내 즐겁게 해 주었다. 그리고 뒷날 자신의 백성이 될 사람들에게 달려가 말을 건네기도 했다. 하지만 못마땅한 눈으로 바라보던 바피 간호사에게 들켜 질질 끌려가고 말았다.

큰아버지 전하

빅토리아는 일곱 살 때 큰아버지 전하인 조지 4세를 처음 만나러 갔다. 빅토리아의 엄마는 조지의 심술을 세례식에서 익히 보았던 터라서 몹시 긴장했을 것이다. 하지만 그것은 지나친 걱정이었다. 빅토리아가 바보 같은 뚱뚱보 큰아버지를 완전히 녹여 버렸기 때문이다. 일곱 살 난 어린아이가 뚱뚱보 큰아버지의 얼굴에 뽀뽀하기란 무척 어려웠을 것이다. 게다가 조지 4세는 가발을 쓰고 얼굴에 덕지덕지 화장을 한 우스꽝스러운 모양새였으니 두말할 것도 없었다. 나중에 빅토리아는 이런 편지를 썼다.

> 전하는 "어서 앞발을 내놓으렴!"이라고 명령하고는 내 손을 잡았어요. 전하는 덩치가 산만큼 컸지만, 기품이 넘치고 예의 바른 분이었어요.

빅토리아는 큰아버지 전하에게 버릇없이 굴 수 없었을 것이다. 하지만 그 자리에 함께 있었던 윌링턴 공작은 왕에게 잘 보이려고 애쓰지 않았다. 윌링턴 공작은 그날의 만남을 빅토리아와는 조금 다르게 기억했다.

못 말리는 응석받이

그러고 보니 세례식 이후 빅토리아의 아버지가 어떻게 되었는지 말하지 않은 것 같다. 그건 켄트 공작이 빅토리아가 태어난 해에 세상을 떠났기 때문이다. 빅토리아는 아버지가 죽고 나서 오냐오냐하는 엄마와 간호사 밑에서 자라서 못 말리는 응석받이가 되었다. 빅토리아는 모두가 '아비 없이 자란 불쌍한 아이'라며 응석을 받아 준다는 점을 십분 이용했다. 어린 빅토리아는 하루가 멀다 하고 방이 떠나가도록 소리를 지르며 고집을 부리고 떼를 썼다. 한번은 소꿉친구인 제인 엘리엇이 겁도 없이 자기 장난감을 가지고 놀자 빅토리아는 제인을 차가운 시선으로 노려보며 이렇게 말했다.

이 꼬마 폭군 때문에 엄마와 가정 교사들은 골치 깨나 썩였다. 결국 바피 간호사가 떠나고, 가정 교사 루이즈 레젠이 빅토리아를 돌보게 되었다. 레젠은 바피 간호사보다 훨씬 엄격해서 응석받이 공주에게 규칙을 가르치기 시작했다.

레젠 선생은 고함치기와 발 구르기를 엄격하게 금지했다. 심지어 하녀에게 무례하거나 못되게 굴었을 때에도 사과하라고 가르쳤다. 하지만 저녁에는 잠자리에 드는 시간을 두고 빅토리아와 옥신각신했고, 아침에는 빅토리아를 깨우느라고 애를 먹었다. 레젠 선생이 양말 정도는 혼자 신으라고 채근하자, 빅토리아는 비극의 주인공 같은 말투로 이렇게 불평했다.

어린 빅토리아는 오동통한 말썽꾸러기였다. 물론 빅토리아의 어린 시절은 결코 평범하지 않았다. 평범한 아이라면 꼭두각시 목각인형을 132개나 가지고 있을 리가 없잖아? 게다가 빅토리아는 학교에 가지도 않았고, 친구들과 어울려 놀지도 않았다. 게다가 또래 친구도 거의 만나지 못했다. 하지만 공주로 산다는 것은 좋은 점도 있었다. 여러분이 어린 빅토리아의 사진 앨범을 훔쳐본다면 이렇게 재미난 사진들을 보게 될 것이다.

왕실의 교육

앞에서도 말했다시피 빅토리아는 다른 아이들과 달리 학교에 다니지 않았다. 대신 선생님들이 빅토리아를 찾아왔다. 대개 학교에서는 선생님들은 소수이고 학생들은 숱하게 많다. 하지만 빅토리아의 학교는 학생은 단 한 명이고 선생님들은 숱하게 많았다. 하지만 여기에는 단점도 있었다. 선생님이 질문을 하면 다른 학생들이 먼저 손을 들고 대답해 주는 일이 결코 없었다.

빅토리아의 공부를 책임진 선생님은 조지 데이비스였다. 목사인 데이비스 선생님은 종교(영국국교회)를 가르쳤다. 그 밖에도 각 과목을 담당하는 선생님들이 숱하게 많았다. 빅토리아는 수학, 독일어, 프랑스 어, 이탈리아 어, 라틴 어, 음악, 춤, 그림을 배우고 글씨를 연습했다.

빅토리아는 현대 언어의 귀재였고 그림도 꽤 잘 그렸지만 라틴 어 실력은 형편없었다. 빅토리아는 그다지 많은 과목을 배우지 않았다. 당시 여자아이들은 그렇게 똑똑할 필요가 없었기 때문이다. 그 시절에는 아가씨가 춤을 아름답게 추고, "케이크 좀 줘요."를 프랑스 어로 말하고, 손수건에 수를 놓을 수 있으면 좋은 신랑감을 만나는 데 필요한 교육을 모두 받은 것으로 보았다. 빅토리아 시대에는 여자가 의사나 기술자가 되는 건 사람이 달에 착륙하는 것만큼 허황된 것이라고 생각했다. 어쨌든 빅토리아는 다른 아이들에 비해 훨씬 훌륭한 교육을 받았다. 그 시절 보통 학교에 다닌 학생들이 얼마나 큰 고통을 겪었는지 살펴보자.

빅토리아 시대의 가치관

지겨운 학교 생활

　빅토리아 시대에는 학교에 안 다니는 아이들도 있었다. 학교에 다닌 아이들은 차라리 집에서 지내고 싶었을 것이다. 그 시절에는 요즘처럼 정부에서 운영하는 학교가 없었다. 아이들은 자선 단체나 교회에서 무료로 운영하는 학교에 가거나 수업료를 내는 사립 학교에 다닐 수밖에 없었다.

　가난한 집안의 아이들은 이른바 '빈민 학교'에 다니면서 읽기와 쓰기, 산수를 배웠다. 빈민 학교는 아이들에게 기본적인 교육을 시키면서 옷과 음식을 무료로 제공했다.

　학교는 9시에 시작해서 5시에 끝날 때까지 무려 8시간이나 학생들을 붙잡아 두었다. 아이들은 기도를 웅얼거리며 하루 일과를 시작하고 마쳤다. 하지만 학교에서 가르치는 것이라고는 구구단 등을 큰 소리로 외우게 하는 것밖에 없었다.

　또 규율은 얼마나 엄격했는지 군인들이 울고 갈 정도였다. 수업 중에 떠드는 것은 생각하지도 못했고, 셈을 틀린 학생은 열등생이나 게으른 학생을 위해 마련된 원추형의 종이 모자를 쓰고 구석에 서 있어야 했다. 선생님들은 얼마든지 학생을 때릴 수 있었고, 심지어 어떤 선생님들은 학생을 때리는 것이 자신의 의무라고 생각했다.

　사립 기숙 학교에 다녔던 부유한 가정의 사내아이들도 형편은 마찬가지였다. 선생님들이 제대로 단속하지 않아 못된 무리들이 활개를 치고 다니면서, 학생들을 뜨거운 불이나 담배꽁초로 지졌다는 이야기가 심심치

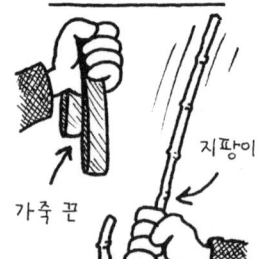

선생님의 무기

가죽 끈
지팡이

않게 들렸다. 《톰 브라운의 학창 시절》이라는 책을 보면 자세한 사실을 알 수 있다. 행여 못된 무리들의 괴롭힘을 피한다고 해도 무서운 선생들의 손길을 피할 수는 없었다. 이튼 학교의 교장은 학생 72명을 한 번도 쉬지 않고 줄줄이 때렸다고 하니 놀라울 따름이다!

여자아이들은 사립 학교에 다니지 않았다. 대개 집에 가정 교사를 두었고, 빅토리아보다도 더 적은 과목을 배웠다. 사람들은 빅토리아가 여왕으로 즉위한 후에야 모든 아이들이 다 닐 수 있는 제대로 된 학교를 세워야 한다는 사실을 조금씩 깨닫게 되었다. 그러나 만 5세부터 10세 사이의 어린이에 대한 의무 교육이 법으로 정해진 것은 1880년의 일이다. 그러니 여러분도 학교에 가지 않고 마음껏 TV를 보며 지내는 생활이 어떨지 상상해 보도록! 빅토리아 여왕이 없었다면 여러분도 그렇게 살고 있을 테니 말이다!

연출된 우연

빅토리아가 열 살이 되자 빅토리아의 뚱뚱보 큰아버지와 작은아버지들 가운데 어느 누구도 왕위를 이어받을 후계자를 낳지 못할 것이 분명해졌다. 이제 영국의 다음 여왕은 오동통한 꼬마 공주님이 될 터였다. 하지만 한 가지 문제가 있었다. 아무도 이 사실을 빅토리아에게 알려 주지 않았다는 것이다. 빅토리아의 엄마는 딸이 '우연히 이 사실을 알았으면' 좋겠다고 말했다. 켄트 공작 부인이 말한 우연이란 대체 어떤 것일까? 빅토리아가 어느 날 길거리에서 왕관에 걸려 넘어지고, 혹시 그 왕관이 머리에 맞는지 확인하기 위해 써 보는 그런 우연을 말한 것일까? 결국 이 '우연'은 조심스럽게 연출되어야 했다. 레젠 선생은 빅토리아의 역사책에 쪽지를 슬쩍 끼워 넣자고 제안했다. 그러면 빅토리아가 우연히 그 쪽지를 발견하고 진실을 알게 되겠지?

빅토리아는 어릴 때부터 일기를 썼다. 그리고 언젠가 왕위를 이어받으리라는 것을 알게 된 중대한 순간을 기록했다.

> 생각했던 것보다 일찍 왕위를 물려받을 것 같다.
> 난 훌륭한 여왕이 되기로 결심했다.

이건 빅토리아가 즐겨 했던 말이다. 빅토리아는 열 살밖에 안 되는 어린 나이에 훌륭한 여왕이 되겠다고 다짐했다. 그러나 빅토리아의 속마음은 따로 있었는지도 모른다. 대부분의 사람들은 모르고 있겠지만, 빅토리아 여왕의 진짜 일기는 불에 타서 없어져 버렸다. 빅토리아는 죽음을 앞두고 막내딸 비어트리스 공주에게 일기의 사본을 만들고 원본을 불태우라고 지시했다. 비어트리스 공주는 아마 빅토리아 여왕의 일기를 조금 부드럽게 고쳐서 적었을 것이다. 남을 모욕하거나 비밀을 까발리는 흥미진진한 내용은 모조리 빼놓았을 것이다. 그래서 우리는 빅토리아의 진짜 일기 내용을 정확히 알 수 없다. 그러니 상상력을 발휘해 보자.

빅토리아의 비밀 일기

1830년 3월 11일

아하! 그러니까 그 말이 사실이었구나. 난 언젠가 여왕이 될 몸이었어. 야호! 그래, 내게 뭔가 숨기고 있다는 걸 진작 알았다니까. 때가 되면 변화의 바람을 일으켜야겠다. 우선 엄마 방에서 자는 것부터 그만 둬야지.

나는 가정 교사에게 뭐든 '잘' 하겠노라고 약속했으니까 그 약속을 지킬 생각이다. 왕관을 '잘' 쓰고, 새 드레스를 '잘' 고르고, 케이크를 마음껏 '잘' 먹어야지, 등등등!

뚱뚱보큰아버지들이 대체 언제 꼬꾸라질지 궁금하다. 빨리 사라져 주면 참 좋을 텐데. 나는 모든 사람들이 내 앞에 무릎을 꿇고 내 손에 키스할 날만을 고대하고 있다. 특히 우리 엄마 말이다!

십대 시절

빅토리아는 그로부터 8년 뒤에 여왕이 되었다. 빅토리아의 십대 시절은 불행했다. 가장 큰 이유는 빅토리아의 엄마가 비열한 존 콘로이 경과 가깝게 지낸 데 있다.

콘로이는 능글능글한 매력을 이용하여 공작 부인은 물론 그 측근들까지 좌지우지하고도 모자라 더 큰 목표에 눈독을 들였다. 콘로이는 어린 빅토리아를 마음대로 조종해서 권력을 휘두를 음모를 꾸몄다. 그는 왕을 비롯해 자신의 사악한 음모를 의심하는 모든 이들로부터 빅토리아와 켄트 공작 부인을 멀찌감치 떼어 놓았다.

빅토리아 공주는 열여섯 살 때 램스게이트에서 큰 병에 걸렸다. 콘로이는 빅토리아에게 여왕이 되면 자신을 개인 보좌관으로 임명하겠다는 문서에 서명하라고 윽박질렀다. 그러나 빅토리아는 아픈 와중에도 특유의 황소 고집을 부려 문서에 서명하지 않았다. 콘로이와 공작 부인은 윌리엄 4세가 마지막 숨을 내뱉는 순간까지 빅토리아를 설득했다. 빅토리아는 방문을 걸어 잠그고 들은 척도 하지 않았다. 다음날 새벽에 빅토리아가 기다리던 소식이 들렸다. 모두 달콤한 잠에 빠진 새벽 5시에 전령이 도착했다. 빅토리아는 한 시간 뒤에 실내복과 슬리퍼 차림으로 침실에서 나왔다. 그리고 평소처럼 모든 사실을 낱낱이 일기에 적었다.

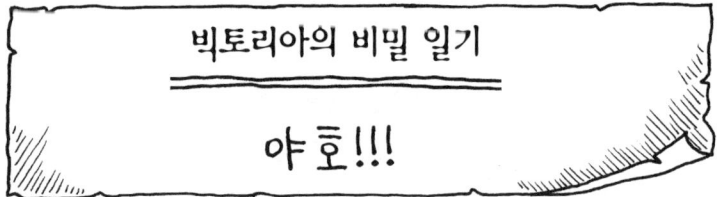

엄마는 캔터베리 대주교와 코닝햄 경이 왔다면서 새벽 6시에 나를 깨웠다. 나는 실내복만 입고 혼자 거실에서 두 사람을 만났다. 코닝햄 경은 가여운 큰아버지 전하가 오늘 새벽 2시 12분에 운명하셨고, 내가 여왕이 되었다고 알려 주었다.

진짜 빅토리아의 일기

하지만 빅토리아의 원본 일기는 이렇게 적혀 있지 않았을까?

빅토리아의 비밀 일기

야호!!!

빅토리아가 여왕이 되고 나서 가장 먼저 한 일은 엄마의 침실에서 벗어나는 것이었다. 빅토리아는 드디어 자유를 얻었다. 하지만 완전한 자유는 아니었다.

빅토리아, 여왕이 되다

우리가 흔히 보는 사진 속의 빅토리아는 땅딸막하고 통통한 할머니의 모습이기 때문에 빅토리아가 처음 즉위했을 때의 모습을 잊기 쉽다. 그러니 이 그림을 보고 빅토리아의 모습을 떠올려 보도록!

사람들은 빅토리아의 미모가 아닌 젊음에 깜짝 놀랐다. 빅토리아는 겨우 열여덟 살에 여왕이 되었다. 당시 영국 국민에게는 여왕이라는 존재가 낯설었다. 100여 년 전 앤 여왕 이래로 영국에는 여왕이 단 한 명도 없었기 때문이다.

군주의 인기가 바닥에 떨어졌을 때 여왕이 된 것이 다행이라면 다행이었다. 그 이전에 왕위를 차지했던 세 사람보다 더 죽을 쑤기란 어려운 노릇이었으니까.

빅토리아에게는 몇 가지 장점이 있었다. 첫째, 큰아버지와 달리 정신이 나가지 않았다. 둘째, 젊고 정직하고 부지런했다. 물론 인형을 모으며 놀았던 빅토리아가 통치자 수업을 제대로 받았을 리가 없었다. 하지만 빅토리아는 배울 자세가 되어 있었고, 다행히 멜번 총리가 자상한 아버지처럼 도와주었다. 빅토리아는 평생 멜번 총리, 앨버트 공, 디즈레일리 총리, 존 브라운 등 아버지 같은 존재에게 의지하게 된다.

하지만 이 이야기는 나중에 하기로 하자. 지금은 빅토리아가 왕관을 쓰는 게 더 급하니까.

빅토리아 타임스

1838년 6월 28일

신이여, 여왕을 구하소서!

오늘 아침 웨스트민스터 성당에서 빅토리아 여왕의 대관식이 성대하게 열렸다. 대관식에는 귀빈 1만 명이 초대되었다. 빅토리아는 진홍색 대관식 예복을 걸치고 작은 다이아몬드 왕관을 써서 위엄이 넘치는 여왕의 모습을 보여 주었다.

귀족들은 온몸을 다이아몬드로 휘감은 채 6시 45분부터 웨스트민스터 성당으로 몰려 들었다. 날씨도 아주 화창해서 여왕의 마차가 지나는 길목마다 수많은 백성들이 모여 우렁찬 소리로 여왕을 환호했다.

"이 나라의 여왕이 되다니 얼마나 자랑스러운지 모릅니다."

빅토리아 여왕은 이 말만 남기고 꼬질꼬질한 애견 대시를 목욕시키려고 궁으로 달려갔다.

실수 연발 대관식

신문 보도와는 달리 여왕의 대관식은 그다지 성공적이지 않았다. 대관식은 실수의 연속이었다.

문제는 빅토리아를 포함해 대관식을 어떻게 치러야 하는지 아는 사람이 하나도 없었다는 것이다. 예행연습도 없이 대관식을 했으니 실수가 벌어질 수밖에 없었다.

1. 대주교는 대관식 반지를 엉뚱한 손가락에 억지로 끼웠다. 빅토리아는 나중에 손가락을 얼음물에 담가서 겨우 반지를 뺐다.

2. 88세의 롤* 경은 왕관을 만지려다가 그만 넘어지고 말았다. 그 바람에 계단에서 데굴데굴 굴러서 제대로 이름값을 했다. 그래서 롤 경은 대관식 때마다 계단에서 굴러 떨어지는 조건으로 작위를 받았다는 농담이 떠돌았다.

3. 배스·웰스 주교는 실수로 한쪽을 건너뛰는 바람에 대관식이 끝났다고 선언했다. 그리고 나중에 빅토리아를 다시 불러 대관식을 마저 치렀다.

*롤: '구르다'는 뜻이 있다.

4. 대관식이 끝나고 빅토리아는 세인트 에드워즈 교회로 이동했다. 그곳에는 누군가 소풍을 왔다간 흔적이 고스란히 남아 있었다. 귀족들이 샌드위치와 포도주로 잔치를 벌이고, 제단에 그 찌꺼기를 두고 간 것이다.

5. 더럼 주교는 빅토리아에게 보주*를 너무 일찍 건네주었다. 당황한 빅토리아는 "지금 이걸 주면 어쩌라고요?"라고 물었다.

장장 63년에 달하는 빅토리아 여왕의 통치는 이렇게 숱한 실수와 함께 시작되었다. 안타깝게도 빅토리아의 상황은 그 뒤에도 그다지 좋아지지 않는다. 빅토리아는 이내 고약한 소문에 휩싸이게 된다.

시녀의 임신

빅토리아 여왕을 처음 시험에 들게 한 것은 궁정 시녀에 관한 소문이었다. 빅토리아는 엄마의 시녀인 플로라 헤이스팅스

*보주: 왕권을 상징하는 장식물로 십자가가 달려 있다.

를 무척 싫어했다. 여왕은 나날이 엄마를 멀리했고, 존 콘로이 경을 '악마'라고 부르며 쫓아내려고 했다.

빅토리아의 비밀 일기

1838년 12월 15일

흠, 오늘 보니 플로라가 좀 뚱뚱해졌다. 말이 나왔으니 말인데 배가 불룩 튀어나왔다. 혹시 임신한 건 아닐까? 설마! 만일 그렇다면 정말 충격적인 사건이다! 게다가 아이의 아버지가 '악마'라면 말할 것도 없다. 이런 소문이 퍼지지 않도록 조심해야겠다. 난 레젠 선생에게만 몰래 털어놓았다. 레젠 선생은 믿을 수 없는 사람에게는 절대 말하지 않겠다고 약속했다.

1839년 1월 20일

플로라의 임신 소문은 궁정 전체로 퍼졌다. 대체 누가 그런 소문을 퍼뜨렸을까? 소문을 들은 플로라는 의사의 진찰을 받겠다고 자진해서 나섰다.

매우 수상쩍은 배

1839년 1월 27일

정말 곤란하기 짝이 없다! 클라크 박사가 플로라를 진찰하고 임신이 아니라는 진단을 내리는 바람에 내 입장만 난처해졌다. 그렇다고 내가 그 소문을 퍼뜨렸다는 이야기는 절대로 아니다. 건방진 플로라는 내 부름을 거역하고, 아파서 못 오겠다고 대답했다.

1839년 7월 20일

상황이 내게 불리하게 돌아간다! 플로라가 죽었다. 아무래도 나를 괴롭히려고 일부러 죽은 것 같다. 알고 보니 플로라는 간암 때문에 배가 불룩 튀어나왔다고 한다. 뭐, 누구나 실수는 할 수 있는 거잖아!

이 사건으로 빅토리아는 완전히 체면을 구겼다. 대중의 눈에 플로라는 억울한 일을 당한 불쌍한 여자였고, 빅토리아는 피도 눈물도 없는 매정한 여왕이었다. 플로라가 죽기 일주일 전, 여왕은 에스컷 경마장을 찾았다가 국민들의 야유를 받았다.

내 시녀는 못 바꿔!

얼마 지나지 않아서 또 한 차례 폭풍이 불었다. 이번에는 여왕의 침실 시녀들이 사건의 주인공이었다. 빅토리아의 주위에는 드레스를 입혀 주고, 심부름을 해 주는 시녀들이 숱하게 많았다.

요즘 사람들에게는 말도 안 되는 사건처럼 들리겠지만, 그 시절에는 이런 사건으로 정부가 바뀌었다. 빅토리아가 가장 총애하는 신하이자 휘그당*원이었던 멜번 경이 총리직에서 사임하면서 문제가 불거졌다. 멜번 경의 후임으로 총리가 된 로버트 필은 토리당*원이었다. 그러나 빅토리아와 빅토리아의 침실 시녀들은 모두 휘그당을 지지했다(휘그당은 훗날 자유당으로 불린다.). 빅토리아는 로버트 필의 행동거지를 못마땅하게 여겼다. 필은 분위기가 어색할 때, 춤을 추듯이 발끝을 세우고 손을 내밀며 소매를 터는 버릇이 있었다. 그는 여왕의 시녀들이 휘그당 편을 드는 것을 탐탁지 않게 생각했다. 당시에는 총리가

*휘그당: 영국 최초의 근대적 정당이며 훗날 자유당으로 불림.
*토리당: 17세기에 생긴 보수 정당이며 훗날 보수당으로 불림.

바뀔 때마다 궁정 시녀들도 총리 정당의 지지자들로 교체하는 것이 관례였다. 하지만 빅토리아는 왜 필 경이 궁정 시녀의 일에 끼어드는지 이해할 수 없었다. 결국 필과 빅토리아의 말다툼은 한 치도 앞으로 나가지 못했다.

빅토리아는 나이는 어렸지만 고집이 무척 셌다. 필 경도 곧 그 사실을 깨닫게 되었다. 워털루 전투에서 나폴레옹을 무너뜨렸던 토리당의 웰링턴 공작조차도 빅토리아를 쉽게 이길 수 없었으니까. 결국 필 경은 이런 상황에서는 정부를 구성할 수 없다고 말했고, 빅토리아는 멜번 경을 다시 총리 자리에 앉혔다. 빅토리아는 대만족이었다. 멜번 총리와 침실 시녀들을 그대로 둘 수 있었기 때문이다. 하지만 오늘날 영국 군주는 정치적 견해를 가질 수 없기 때문에, 이런 일이 일어날 수 없다. 만약 지금 영국 여왕이 이렇게 선언한다고 상상해 보자.

'내가 얼마나 잘 웃는 여왕인데!'
- 빅토리아 여왕의 즐거운 시간 -

사람들은 빅토리아 여왕이 유머 감각이라고는 전혀 없고 잘 웃지도 않았다고 생각한다. 사실 빅토리아는 작은 일에도 호탕하게 너털웃음을 터뜨렸다. 한번은 조각가 깁슨이 빅토리아의 조각상을 만들다가 빅토리아에게 입의 크기를 재어도 되냐고 물었다. 여왕은 "오, 물론이지. 그런데 내가 웃지 않고 가만히 있을 수 있을까?"라고 대답했다. 여왕은 깁슨의 부탁이 웃겨서 견딜 수가 없었다. 빅토리아는 입을 굳게 다물려고 애쓰다가 결국 다시 웃음을 터뜨리고 말았다.

여왕의 일상

빅토리아는 여왕이 되고 나서 한동안 행복하게 지냈다. 여왕은 승마, 춤 등을 즐기고 나라를 다스리는 단조롭고 규칙적인 생활을 했다. 그리고 곁에는 언제나 멜번 경이 있었다.

빅토리아의 비밀 일기

오전
멜번 경이 외국에서 온 편지를 읽어 주었다. 멜번 경은 절대 시계를 가지고 다니지 않는다고 말했다. "난 늘 하인에게 시각을 묻고, 하인은 마음 내키는 대로 시각을 말해 주지요."

오후
평소처럼 승마를 하러 나갔다. 멜번 경은 벨벳 승마복을 입고 실크 모자와 작은 망사를 쓴 내 모습

이 우아하다며 칭찬했다. 그는 늘 내 옆에서 말을 탄다. 저녁을 먹기 전에 배드민턴 경기를 했다.

저녁
  멜번 경은 늘 내 왼편에 앉는다. 식사 시간에 멜번 경하고만 이야기하고 싶은데, 다른 손님들에게도 말을 걸어야 하니 얼마나 짜증이 나는지! 저녁을 먹고 난 뒤 손님들과 응접실에서 이야기를 나누었다. 멜번 경은 정말 멋지다! 게다가 얼마나 재치가 넘치는지 모른다!

취침 시간
  오늘도 피곤한 하루였다. 여왕 노릇도 정말 힘들다!

예의범절

빅토리아는 예의범절을 매우 까다롭게 따졌다. 그 시대의 사람들은 여왕을 부르는 법부터 식탁에서 쓰는 나이프의 숫자까지 법도를 까다롭게 따졌다. 또 여왕이 특별히 허락하지 않으면, 반드시 선 채로 여왕과 이야기해야 했다. 심지어 빅토리아 여왕마저도 예의를 차리느라 식사에 초대된 모든 손님들과 대화를 나누었다. 그레빌은 여왕과 나누었던 대화 내용을 뒷날 이렇게 기록했다.

하지만 이렇게 행복한 생활은 영원할 수 없었다. 국민들은 빅토리아 여왕이 하루빨리 결혼해야 한다고 수군거렸다. 빅토리아는 멜번 총리와 거의 날마다 붙어 다녔다. 그 때문에 국민들은 길거리에서 여왕을 가리켜 '멜번 부인'이라고 비아냥댔다. 그러니 이대로 가만히 있을 수는 없는 노릇이었다. 게다가 여왕은 자손을 낳아 대를 이을 의무가 있었다. 하지만 빅토리아는 결혼할 생각이 없었다. 여왕이 결혼하고 싶은 생각이 있건 없건 여왕의 신랑감은 두 사람으로 좁혀졌다.

빅토리아의 사촌이었던 조지는 별로 유력한 후보가 아니었다. 빅토리아는 신하와 결혼할 생각이 전혀 없었기 때문이다. 아무리 생각해도 그건 체면이 서지 않잖아! 게다가 빅토리아는 잘생기고 매력적인 남자를 좋아했으니까 조지는 그 점에서도 탈락이었다. 이제 남은 후보는 앨버트밖에 없었다.

앨버트도 빅토리아의 사촌이었으며, 어렸을 때부터 빅토리아의 신랑이 되기 위해 준비했다. 하지만 모든 사람들이 이 결혼을 환영한 것은 아니었다. 멜번 경은 이렇게 말했다.

 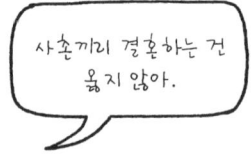

게다가 국민들이 독일인 부군을 좋아할까? 아니, 그보다 더 중요한 문제가 있었다. 과연 빅토리아가 결혼할 준비가 되어 있을까?

> 난 오랫동안 내 마음대로 살았기 때문에, 누구하고도 잘 지내지 못할 거야.

빅토리아는 여왕이 되기 전에 앨버트를 만나 호감을 느꼈다. 하지만 여왕이 되고 난 뒤에는 상황이 달라졌다. 빅토리아는 어릴 때 아주 엄격하게 자랐고, 여왕이 된 뒤에야 마음껏 자유를 만끽했다. 그러니 이래라 저래라 사사건건 간섭할 남편을 서둘러 맞이하고 싶지 않았다. 하지만 빅토리아가 앨버트를 다시 만나면서 상황은 또 달라졌다. 빅토리아는 앨버트의 날씬한 허리선과 남자다운 콧수염에 홀딱 반해 버렸다. 그렇다면 빅토리아는 마음의 변화를 비밀 일기에 적지 않았을까?

빅토리아의 비밀 일기

1839년 7월 10일

멜번 경과 결혼 문제를 상의했다. 생각할수록 화가 치민다! 난 앨버트를 만나고 싶은 생각이 눈곱만큼도 없다. 내가 그를 만난다면, 결혼 문제를 결정해야 할 테니까 말이다! 그리고 그와 결혼하기로 결정한다면, 내가 프러포즈를 해야겠지! 앨버트가 감히 여왕인 내게 프러포즈할 수는 없으니까! 남자랑 결혼하느니 내 애견 대시와 결혼하는 편이 훨씬 나을 텐데. 대시는 내가 '앉아'라고 명령하면 늘 충실히 따르잖아. 게다가 나는 앨버트보다 나이도 많다. 몇 개월 차이긴 하지만 어쨌든 연상은 연상이잖아.

1839년 10월 10일

앨버트가 오늘 저녁 7시 30분에 도착했다. 나는 층계참에서 그를 맞이하며 말로 형용할 수 없는 감정을 느꼈다. 앨버트는 정말 잘생겼다. 난 기억을 더듬어서 그의 모습을 그려 보았다.

체격도 얼마나 좋은지 모른다! 어깨는 넓고 허리선은 날씬하다. 간단히 말해서 앨버트는 정말 매력적인 남자다. 참, 앨버트의 형 어니스트가 함께 왔다.

빅토리아가 마음을 바꾸면서 곧 두 사람의 결혼이 결정되었다. 빅토리아는 앨버트를 조용한 곳으로 따로 불러서 이렇게 청혼했다.

앨버트는 빅토리아에게 무릎을 꿇고 청혼하지 않았다. 사실

앨버트에게는 선택권이 없었다. 빅토리아도 앨버트가 청혼을 거절하리라고는 꿈에도 생각하지 않았다. 보잘것없는 독일 공작의 아들이 대영 제국 여왕의 청혼을 거절할 리가 없잖아.

앨버트는 정든 고국을 떠나서 환영받지 못할 것이 뻔한 낯선 이국땅으로 와야 했다. 한편 사랑에 푹 빠진 빅토리아에게 결혼은 간단한 문제였다.

국민들은 여왕의 결혼 소식을 두 팔 벌려 환영하지 않았다. 앨버트의 배경을 자세히 살펴보면 그럴 만도 했다. 작센코브르크고타 공국의 크기는 영국의 도싯 주와 비슷했고, 그 수입은 12만 8,000파운드에 불과했다. 게다가 영국인은 콧대가 하늘을 찔러서 독일인을 좋아하지 않았다. 영국인은 독일인이라고 하면 모두 가난하고 불결하고 파이프 담배를 뻐끔거린다고 생각했다! 영국인은 독일인 앨버트를 빅토리아의 짝으로 어림도 없는 거지 나부랭이로 보았다. 당시에 앨버트를 무시하는 이런 노래가 큰 인기를 끌었을 정도였다.

나는 방금 도착한 따끈따끈한 독일인.
영국에서 살려고 영국에 왔네.
독일에서 영국까지 배를 타고 왔다네.
꽃다운 영국 여왕과 결혼해서
기쁠 때나 슬플 때나 함께 해야지.
내 아버지는 공작이고
나는 소시지 장수라네.

의회도 가여운 앨버트를 환영하지 않았다. 의원들은 앨버트에게 연간 생활비로 겨우 3만 파운드를 주기로 결정했다.

빅토리아도 앨버트를 힘들게 했다. 빅토리아는 개인 보좌관과 시종을 직접 고르는 것조차 앨버트에게 허락하지 않았다. 그리고 신혼여행을 이삼일 동안만 다녀오자고 말했다. 앨버트가 순순히 따르지 않자, 빅토리아는 이런 편지를 썼다.

> 사랑하는 당신께서는 제가 영국의 군주이며, 나랏일이란 누구도 기다려 주지 않는다는 사실을 잊으셨군요!

빅토리아는 모든 일을 자기 마음대로 처리했다. 그러니 부부 관계에서 누가 주도권을 잡게 될지는 뻔했다. 하지만 앨버트도 그리 만만한 상대는 아니었다. 비록 제1라운드는 빅토리아에게 졌지만, 결혼식 뒤에 제2라운드를 벌일 기회는 얼마든지 있었다.

빅토리아 타임스

1840년 2월 10일

빅토리아 여왕, 앨버트 공과 결혼하다

오늘 세인트 제임스 궁에서 빅토리아 여왕과 앨버트 공의 결혼식이 열렸다. 여왕이 지나가는 길에는 신부의 모습을 보려고 몰려든 군중으로 가득했다. 더러는 신부를 보려고 나무에 오르다가 떨어지기도 했다. 그동안 빅토리아 여왕이 행차할 때마다 날씨가 맑았지만, 오늘은 날씨가 좋지 않았다.

여왕은 새하얀 공단 웨딩드레스와 다이아몬드를 걸쳐 휘황찬란하게 빛났다. 앨버트 공은 영국 육군 원수의 군복을 입었다 (결혼식 뒤에 군복을 주인에게 돌려주기를 간절히 바랄 뿐이다.). 무게가 140kg, 지름이 3m나 되는 웨딩케이크가 등장했다. 하기는 전 세계 사람들에게 한 조각씩 돌려야 하니까 이렇게 큰 웨딩케이크가 필요하긴 하겠다. 빅토리아 여왕은 혼인 서약에서 남편에게 복종하겠다고 약속해 손님들을 깜짝 놀라게 했다. 사람들은 그 약속이 오래 가지 못할 것이라며 앞다투어 내기를 걸고 있다!

빅토리아 시대의 가치관

거대한 속바지와 버슬의 유행

여왕은 무도회나 만찬 같은 국가 공식 행사에 참석하기 때문에 패션에 신경을 써야 했다. 빅토리아는 다이아몬드를 돋보이게 하는 분홍색을 가장 좋아했다. 하지만 조금 화려한

색깔의 옷을 입을 때도 있었다. 프랑스에 갈 때에는 앵무새가 수놓인 핸드백을 들고 붉은 제라늄 꽃이 장식된 드레스를 입었다. 그러니 패션에 민감한 프랑스인들의 눈에는 걸어 다니는 식물원이 따로 없었다! 게다가 결혼한 뒤에는 늘 앨버트 공에게 패션에 대한 조언을 구했다. 하지만 앨버트도 패션에는 눈뜬 봉사였다. 빅토리아가 영국을 통치하던 시대에는 패션에 엄청난 변화의 바람이 불었다. 빅토리아 시대를 휩쓸다가 사라진 몇 가지 패션을 살펴보자.

빅토리아 시대의 10대 패션

1. 후프 스커트

스커트의 폭은 끝도 없이 넓어져 급기야 10m에 달했다. 그래서 방문이나 회전문에 스커트가 끼이는 일이 잦았다. 후프 스커트는 영국인 디자이너 찰스 워스가 임신으로 볼록해진 프랑스 외제니 황후의 배를 감추려고 고래 뼈로 버팀살을 넣어 만든 것이었다.

2. 버슬

1870년대가 되자 여성들은 서커스단 텐트처럼 거대한 스커트 자락이 지겨워졌다. 그래서 스커트 전체를 부풀리는 후프 스커트 대신 엉덩이 부분만 부풀린 버슬이 유행하게 되었다. 시간이 지나면서 버슬의 폭이 어찌나 넓어졌는지 그 위에 쟁반을 올려놓을 수 있을 정도였다.

3. 앨버트 조끼
앨버트도 단추가 두 줄로 달린 앨버트 조끼를 입어 자신의 이름을 남겼다.

4. 카디건
유명 인사였던 카디건 경은 어느 날 밤에 벽난로에 등을 대고 불을 쬐었다. 그러다가 불에 너무 가까이 서는 바람에 외투 자락에 불이 붙었다. 카디건 경은 전혀 당황하지 않고 외투 자락을 싹둑 잘라 편안하게 입을 수 있는 짧은 윗옷을 만들었다. 이 옷은 뒷날 카디건으로 불렸다.

5. 머튼찹스와 피커딜리 구레나룻
크림 전쟁 중에 장교들이 면도를 하기가 어려워 턱수염을 기르면서 바로 영국에서도 턱수염이 유행했다. 젊은 남자들은 믿음직하고 중후해 보이고 싶어서 턱수염을 길렀다. 그러나 뒷날 턱수염 대신에 끝으로 갈수록 넓어지는 구레나룻을 가리키는 머튼찹스나 피커딜리 구레나룻이 유행했다.

6. 블루머 부인의 블루머
1851년에 미국인 아멜리아 블루머 부인은 헐렁한 여성용 바지를 입고 다녀서 세상을 발칵 뒤집어 놓았다. 아멜리아는

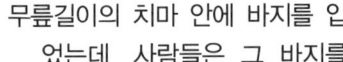
무릎길이의 치마 안에 바지를 입었는데, 사람들은 그 바지를 '블루머'라고 부르며 비웃었다. 바지는 치마보다 훨씬 실용적이었지만, 빅토리아 시대 사람들은 여성이 바지를 입는 것에 충격을 받았고 아멜리아를 두고 가정파괴범이라며 욕했다. 당시에는 바지는 남성들만 입는 것이며, 여성은 연약하고 순종적이어야 한다고 가르쳤기 때문이다. 물론 빅토리아 여왕만은 예외였다.

7. 멜빵식 양말대님

1876년, 멜빵식 양말대님이 런던에 등장하면서 큰 소동이 일었다. 앨햄브라 극장에서 프랑스 희가극을 무대에 올렸는데, 댄서들은 허벅지를 훤히 드러내고 멜빵처럼 생긴 양말대님으로 긴 양말을 고정시켰다. 관객들은 그 모습에 큰 충격을 받았다. 그때까지 여성들은 양말이 흘러내리는 것을 막기 위해서 '가터'라는 불편한 양말대님을 매야 했다. 이제 멜빵식 양말 밴드가 그 자리를 대신하게 되었다.

8. 거대한 속바지

1880년 무렵에는 부드러운 비단과 레이스로 만든 화려한 속바지가 등장했다. 당시 사람들은 큰 속바지를 좋아했다. 서너 명이 충분히 들어가는 거대한 면 속바지도 유행했다.

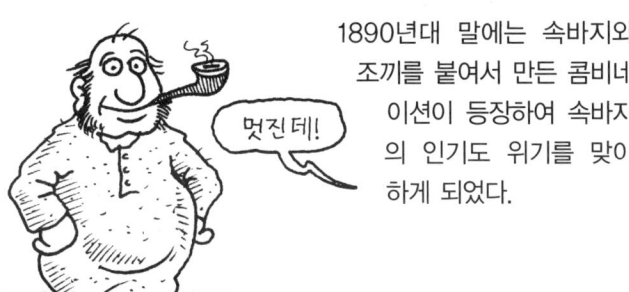

1890년대 말에는 속바지와 조끼를 붙여서 만든 콤비네이션이 등장하여 속바지의 인기도 위기를 맞이하게 되었다.

9. 코르셋

빅토리아 시대 여성들은 남편이 두 손으로 감싸 안을 수 있을 정도로 가는 허리를 가꾸기 위해 노력했다. 그리고 허리를 가늘게 만들기 위해서 고래 뼈로 만든 코르셋을 입었다. 코르셋이 너무 단단히 조여져서 호흡 곤란으로 기절하는 여성들도 생겼다. 심지어는 아래쪽 갈비뼈를 부러뜨려 허리를 가늘게 만드는 여성도 있었다. 멜번 경은 빅토리아가 살이 잘 찌는 체질이라며 산책을 권했다. 하지만 빅토리아는 산책을 하면 신발에 돌이 들어가서 싫다고 말했다. 그러자 멜번 경은 "발에 꼭 맞는 신발을 신으시면 됩니다."라고 옳은 소리를 했다.

10. 보라색 열풍

1856년에 W. H. 퍼킨이 콜타르를 이용해 보라색 염색약을 발견하면서 보라색 열풍이 불었다. 얼마 지나지 않아서 모든 이들이 보라색 모자를 쓰고, 장갑을 끼고, 드레스를 입었다. 보다 못한 어떤 작가는 "이러다가는 집까지 몽땅 보라색으로 칠하겠다."라고 쓴소리를 했다.

5년 뒤에 빅토리아는 남편의 죽음을 애도하는 뜻에서 평생 검은색 옷을 입어 검은색 열풍을 일으킨다. 하지만 이때만 하더라도 앨버트와 빅토리아는 행복한 결혼 생활을 누리고 있었다. 두 사람은 안정되고 만족스러운 결혼 생활을 즐겼다. 물론 가끔 삐걱거릴 때도 있었다.

빅토리아의 결혼 생활

단란한 결혼 생활

앨버트는 천사야! 저렇게 사랑스러운 눈과 밝은 얼굴을 어떻게 사랑하지 않을 수 있겠어.

    빅토리아는 앨버트 공을 너무 좋아해서 앨버트 공의 몸에 천사의 날개와 후광이 있는지 확인할 정도였다. 앨버트 공은 잘생긴 데다가 머리까지 좋았다. 그는 빅토리아와 동갑이었지만, 아내보다 훨씬 중후해 보였다. 앨버트는 빅토리아를 도와 나라를 다스릴 생각으로 영국에 왔다. 그러나 빅토리아는 영국 국민은 외국인이 내정에 간섭하는 것을 싫어하니 끼어들 생각은 하지도 말라고 단호하게 경고했다. 가여운 앨버트는 하릴없이 기다릴 수밖에 없었다.

연애 초기에 앨버트는 서류에 서명하는 빅토리아 옆에서 멍하니 기다렸다.

앨버트의 역할은 빅토리아를 돕고 왕실 자손을 번식시키는 것이었다. 앨버트가 국정에 간섭하는 것은 허락되지 않았다. 결혼 초기에 앨버트의 호칭 문제가 불거지면서, 이 문제는 분명해졌다. 그렇다면 앨버트를 어떻게 불러야 할까?

빅토리아는 앨버트에게 여왕 부군(왕)이라는 칭호를 내리려고 했지만, 맬번 경의 반대에 부딪혔다. 맬번 경은 국민들이 왕에 대한 존경심을 잃을 것이라며 반대했다. 앨버트는 예전 그대로 작센코브르크고타의 앨버트 공으로 불리게 되었다. 참다못한 빅토리아가 나서서 앨버트 공이라는 칭호를 내릴 것을 주장했다. 하지만 앨버트의 역할은 여전히 명확하지 않았다. 의회는 앨버트가 정치적 권력을 행사할 수 없고, 군대 계급장을 달 수 없으며, 상원의원이 될 수 없다고 선언했다. 그렇다면 젊고 똑똑하고 기운이 넘치는 앨버트는 무엇을 하면서 살아야 할까?

누가 집안의 주도권을 쥐었을까?

빅토리아는 집안에서도 여왕 행세를 했다. 보통 집안에서는 남편이 집안의 주인이자 가장이었다. 하지만 영국 여왕과 결혼한 앨버트는 집안의 주인이 될 수 없었다.

그래서 두 사람은 가끔 다투었다. 빅토리아는 앨버트를 몹시 사랑했지만 가끔 자존심을 내세우면서 남편에게 이래라 저래라 명령했다. 한번은 앨버트가 빅토리아에게 화가 나서 방문을 걸어 잠그고 나오지 않았다. 빅토리아가 아무리 방문을 두들겨도 앨버트는 문을 열어 주지 않았다.

빅토리아는 결혼하자마자 앨버트에게 옆 책상을 내주었다. 하지만 앨버트는 아내에게 말을 걸거나 편지를 쓰는 것 말고는 할 일이 없었다.

빅토리아는 결혼한 뒤에도 쉽게 발끈하고 버럭 화를 냈기 때문에 권력을 얻겠다고 빅토리아와 싸우는 것은 어리석은 일이었다. 앨버트는 참을성 있게 기다리는 것이 최선이라고 생각했다. 그러나 빅토리아가 첫아이를 임신하면서 드디어 상황이 바뀌기 시작했다. 빅토리아는 앨버트에게 점차 나랏일을 맡기게 되었고 시간이 지나면서 모든 문제에서 앨버트에게 도움을 구했다. 특히 장관들이 입을 모아 앨버트의 현명함을 칭찬하자 앨버트에게 더욱 의지하게 되었다. 앨버트는 이제 날개를 달았다. 그리고 날개를 펼칠 일만 남았다.

꼬물꼬물한 올챙이들

왕족들이 결혼하는 한 가지 중요한 이유는 아이를 낳기 위해서다. 아이가 없는 왕이나 여왕은 바람 앞에 선 촛불처럼 언제

꺼질지 모르는 위태로운 존재였다. 물론 빅토리아가 60여 년이나 왕위를 지킬 것이라고는 아무도 예상하지 못한 일이었다.

안타깝게도 빅토리아는 아기 낳는 걸 무척 싫어했다. 그녀는 임신 사실을 알게 되면 화를 냈고, 아기 낳는 일을 두려워했다. 반대로 동물에 대해서는 매우 감상적이어서, 앨버트가 아끼던 울프하운드가 죽었을 때는 울다가 잠이 들기도 했다. 그러나 꼬물꼬물한 '올챙이' 같은 아기들은 무척 싫어했다.

빅토리아는 아기를 낳는 것도 싫어했지만, 아기에게 젖을 먹이는 것은 더욱 싫어했다. 하루는 딸 앨리스 공주가 아기에게 젖을 물리는 것을 보고, 왕실 젖소에게 앨리스 공주라는 이름을 붙여 주었다.

훗날 빅토리아 공주(빅토리아 여왕의 큰딸)는 임신을 하고 새로운 생명체를 낳는 것의 위대함에 대해 여왕에게 편지를 썼다. 여왕은 냉정한 답장을 보냈다.

"나는 아이를 낳을 때 개나 소가 된 기분이더구나."

빅토리아는 아기 때문에 신혼 생활 2년을 망쳤다고 생각했다. 그리고 첫아이를 낳은 뒤에도 줄줄이 여덟 명의 아이를 낳았다. 그 자녀들은 자라서 유럽 각국의 왕실과 혼인했다. 덕분에 빅토리아 여왕은 훗날 유럽의 할머니로 불리게 된다.

빅토리아 여왕은 2년 터울로 아이들을 낳았다. 그래서 말년에 뚱뚱한 할머니가 되었는지도 모른다. 어쨌든 식구가 늘어나면서 빅토리아와 앨버트는 가정적이고 행복한 부부 생활로 국민들에게 모범을 보였다. 그러나 두 사람의 결혼 생활이 늘 행복한 것만은 아니었다. 앨버트는 고집이 세었고 빅토리아 여왕은 다혈질이었기 때문에, 폭풍이 불 수밖에 없었다.

두 사람은 첫아이 빅토리아 공주의 건강을 둘러싸고 큰 다툼을 벌였다. 공주가 병에 걸리자 여왕은 주치의 제임스 클라크 경에게 공주의 치료를 맡겼다. 하지만 공주의 병세는 차도가 없었다. 앨버트는 클라크가 돌팔이라고 생각했고, 클라크에게 치료를 맡긴 여왕을 탓했다. 그리고 이런 편지를 써 보냈다.

> 클라크 경이 수은을 지나치게 많이 처방하는 바람에 공주가 수은 중독에 걸렸소. 그리고 당신은 병든 공주에게 단식까지 시켰소. 나는 더 이상 이 일에 상관하지 않겠소. 공주를 데려가서 마음대로 하시오. 그리고 공주가 죽으면 모두 당신 책임이오.

빅토리아는 고집을 부리면서 백기를 들지 않았다. 마침내 앨버트 공의 옛 선생 스토크마르 남작이 나서서 두 사람을 화해시켰다.

아무래도 클라크 경에 대한 앨버트의 생각은 옳았던 것 같다. 훗날 앨버트는 돌팔이 클라크 경 덕분에 세상을 하직하게 되니까 말이다.

빅토리아 공주가 태어난 지 3개월쯤 되었을 때, 공주가 태어날 때부터 눈이 멀고 발이 없다는 괴이한 소문이 떠돌았다. 국민들은 왕족에 대한 나쁜 소문을 좋아했다. 이 괴이한 소문은 쉽게 수그러들지 않았다. 궁정 미술가 C. R. 레슬리가 연 연회에서 빅토리아 공주를 그린 스케치를 보여 주자, 사람들은 "이렇게 예쁜 아이가 장님이라니 정말 안타까워!"라고 말했다. 레슬리가 공주의 눈은 반짝반짝 빛나고 시력도 멀쩡하다고 입이 닳도록 말했지만 소용이 없었다. 아무도 그의 말을 믿지 않았다. 모두 공주의 눈이 멀었다고 철석같이 믿고 있었다.

'내가 얼마나 잘 웃는 여왕인데!'
-빅토리아 여왕의 즐거운 시간-

빅토리아는 엄마인 켄트 공작 부인이 저녁 식사 뒤에 식당에서 포크를 들고 나왔다는 이야기로 저녁 연회 손님들을 즐겁게 해 주었다. 공작 부인이 눈이 좋지 않아 포크를 부채로 착각한 것이다. 빅토리아는 또 다른 저녁 파티에서 시종장이 훈장을 보고 기겁을 했다는 이야기를 하면서 너털웃음을 터뜨렸다.

앨버트의 역할

앨버트는 빅토리아가 후계자들을 낳느라 바쁜 와중에 재능을 발휘하기 시작했다. 앨버트가 처음 한 일은 버킹엄 궁과 윈저 성의 엉망진창 재정 문제를 해결하는 것이었다. 왕실의 재정을 조사한 결과, 여왕의 코앞에서 온갖 속임수가 벌어지고 있다는 사실이 밝혀졌다. 왕실 궁전에서는 매일 수많은 양초를 켜서 샹들리에를 밝혔는데[1], 하인들은 아직 타지도 않은 멀쩡한 양초까지 마구 버렸다. 과연 양초는 어디로 사라졌을까? 범인은 하인들이었다. 하인들이 양초를 내다 팔아서 용돈을 챙긴 것이다.

그뿐이 아니었다! 상인들이 버킹엄 궁에 들여온 물건들은 자취도 없이 사라졌고, 관리들은 여왕의 너그러움에 기대어 호의호식하고 살았다. 조지 3세의 호위대장을 지낸 한 관리는 포도주 구입 수당으로 무려 35실링을 받았다!

앨버트는 왕실의 재정 상태가 빅토리아의 옛 가정 교사인 레젠 부인 탓이라고 생각했다. 그리고 재정뿐 아니라 궁전의 보안도 엉망이라는 사실을 곧 깨달았다. 어떻게 그 사실을 알았냐고? 어느 날 소파 밑에서 버젓이 자고 있는 침입자를 발견했기 때문이다. 당시 경찰관은 이 기막힌 상황을 이렇게 보고하지 않았을까?

경찰 보고서

1840년 12월 2일

범인을 체포한 경관: P. C. 필러

새벽 1시를 약간 넘긴 시각에 간호사가 여왕의 거실에서 수상쩍은

---

1. 런던에 가스등이 처음 등장하고 40년이 지난 1846년, 버킹엄 궁에도 가스등이 들어왔다.

소리를 들었다고 보고했다. 간호사는 시동(심부름하는 소년)과 함께 거실로 가서 소파 밑에 잠들어 있는 소년을 체포했다. 침입자는 재단사의 아들인 열일곱 살배기 소년 에드먼드 존스로 밝혀졌다. 에드먼드는 과거에도 버킹엄 궁에 들어왔다가 들킨 적이 있었다. 에드먼드는 어떻게 궁전 안으로 들어왔냐는 질문에 "벽을 타고 창문을 넘기만 하면" 언제든 들어올 수 있었다고 대답했다. 빅토리아 여왕의 침소에 왜 들어갔냐는 질문에는 이렇게 대답했다. "여왕님이 어떻게 사는지 궁금했거든요. 나중에 책을 쓰려면 미리 알아두는 게 좋잖아요." 에드먼드는 여왕의 옥좌에 앉고 여왕을 직접 보았고, 꼬마 공주님의 우렁찬 울음소리도 들었다고 주장했다.

궁전 부엌을 자세히 조사한 결과, 에드워드는 궁전에 침입해서 온갖 음식까지 먹은 것으로 드러났다. 에드워드는 체포될 때 잔뜩 점잔을 떨면서 "나중에 높은 자리에 오를 신사를 대하듯" 대해 달라고 큰소리를 쳤다.

'꼬마 존스'는 버킹엄 궁전에 무단 침입한 죄로 세 번이나 체포되었다. 처음 체포되었을 때는 정신 이상자로 판정이 나서 풀려났다. 두 번째로 체포되었을 때는 교도소에서 3개월 동안 답차를 돌리는 벌을 받았다. 그리고 세 번째로 체포되었을 때는 배를 타는 벌을 받았다. 안타깝게도 그가 평생 가장 높이 오른 자리는 배의 돛대가 고작이었다. 한편 앨버트는 가족의 안전을 위협하는 이 사건 때문에 노발대발했다.

빅토리아 여왕은 '꼬마 존스' 사건 이외에도 목숨을 위협하는 수많은 사건을 겪었다. 빅토리아가 첫 아이를 임신했을 때, 여왕 암살 시도가 벌어졌다.

그 이후로도 빅토리아 여왕을 암살하려는 시도는 끊임없이 일어났다. 여왕은 오랜 통치 기간 동안 무려 일곱 차례의 암살 위협을 겪었다.

빅토리아 타임스

1840년 6월 10일

미치광이, 여왕에게 총격을 가하다

오늘 빅토리아 여왕은 궁전에서 100m도 떨어지지 않은 곳에서 두 발의 총격을 받고 목숨을 잃을 뻔했다. 여왕이 앨버트 공과 함께 마차로 외출하는 도중, 못된 암살범 한 명이 난데없이 나타나 무차별 사격을 가했다. 여왕은 암살범의 엉터리 사격 실력 때문에 목숨을 부지했다. 여왕의 마차를 끌던 말들은 총소리에 놀라서 발걸음을 멈추었다.

앨버트 공은 당시를 이렇게 회상했다. "비열하게 생긴 암살범이 양 손에 권총 한 정씩 든 채 팔짱을 끼고 있었어요. 어찌나 폼을 잡던지 웃음이 날 지경이었다니까요."

하지만 미치광이 암살범이 여왕을 향해 두 번째 총을 발사하자 앨버트 공은 더 이상 웃을 수가 없었다. 앨버트 공은 재빨리 몸을 날려 여왕을 보호했다.

암살범은 즉시 체포되었다. 암살범은 웨이터로 일하는 에드워드 옥스퍼드로 밝혀졌다.

접시 대신 총을 든 웨이터

빅토리아 여왕과 앨버트 공은 침착하게 대응하여 국민들의 칭찬을 받았다. 여왕과 앨버트 공은 거리로 나올 때마다 국민들의 갈채를 받았고, 두 사람이 가는 곳마다 영국 국가인 '신이여, 여왕을 구하소서'의 가락이 울려 퍼졌다.

즐거운 나의 궁전

빅토리아 여왕과 앨버트 공은 국민들 앞에 나서지 않을 때 무엇을 하며 시간을 보냈을까?

두 사람은 보통 아침 시간에 일을 했다. 앨버트 공은 여왕이 보낼 편지의 초안을 쓰고 모든 공식 문서를 읽었다.

점심을 먹은 뒤에는 함께 피아노를 치거나 초상화를 그리면서 휴식을 취했다. 앨버트 공은 국민들 앞에서는 심각하고 근엄한 척 무게를 잡았지만, 아이들 앞에서는 자상한 아빠였다. 앨버트 공은 에드워드 왕자나 빅토리아 공주와 함께 바닥에 앉아 자주 놀아 주었다.

하지만 저녁 식사 분위기는 조금 근엄했다. 앨버트 공은 배수 시설이나 난방 장치 같은 흥미진진한 주제를 두고 토론할 때 가장 활기가 넘쳤다. 시종과 시녀들은 여왕이 예의 바르게 하품을 하고 물러날 때까지 자리를 뜰 수 없었다. 저녁 식사는 대개 10시를 넘기지 않고 끝냈는데 식사가 끝나면 앨버트 공은 체스를 한 판 두었다. 가끔 잠자리에 들 시간이 지나도록 침실에 오지 않아서 여왕이 앨버트 공에게 하인을 보내기도 했다. 앨버트 공은 과연 누구와 체스를 두었기에 시간 가는 줄도 몰랐을까? 그 상대는 자기 자신이었다!

앨버트 공의 크리스마스트리

빅토리아는 크리스마스를 가장 좋아했다. 여왕은 대개 윈저 성에서 독일식으로 크리스마스를 지냈다. 앨버트 공은 독일 관습대로 아내와 아이들에게 크리스마스트리를 만들어 주었다. 하지만 크리스마스트리 하나로는 어림도 없었다. 여왕 가족은 양초와 사탕절임, 케이크를 리본에 매달아 장식한 작은 크리스마스트리를 각자 하나씩 가지고 있었다. 독일식 크리스마스트리는 19세기 초에 영국에 들어왔지만, 앨버트 공 덕분에 본격적으로 인기를 끌기 시작했다. 각 신문들이 삽화를 그려가면서 앨버트의 크리스마스트리 만들기를 집중적으로 다루었고, 왕실 가족의 크리스마스트리 만들기는 중대한 국민적 행사가 되었다. 얼마 지나지 않아서 영국 전역의 가정들은 크리스마스트리 밑에 화사하게 포장된 선물을 쌓아 놓기 시작했다. 물론 크리스마스트리나 선물을 살 수 없는 가난한 사람들에게는 그림의 떡이었다.

앨버트 공은 겨울에는 썰매 타기, 눈사람 만들기, 스케이트 등의 야외 스포츠를 즐겼다. 한번은 스케이트를 타다가 끔찍한 사고를 당해 저승 문턱을 구경했다.

빅토리아의 비밀 일기

1841년 2월 12일

몹시 추우면서도 화창한 날씨였다. 오늘 사랑하는 앨버트가 궁전 연못에서 스케이트를 타다가 끔찍한 비극을 맞이할 뻔했다. 내가 그렇게 조심하라고 잔소리를 했는데도 앨버트는 기어이 스케이트를 타러 갔다.

내가 팔머스턴 총리 부인과 함께 연못으로 간 것이 얼마나 다행인지 모른다. 나는 그냥 앨버트의 모습을 지켜보려고 갔다. 그런데 앨버트가 얼음에 발을 대자마자 얼음이 깨지면서 갈라지기 시작했다. 나는 앨버트가 넘어지면서 물 속에 가라앉는 모습을 보며 표현할 수 없는 두려움을 느꼈다!

파지직!

앨버트의 머리가 컴컴한 얼음물 속으로 잠깐 동안 사라졌다. 나는 순간 그를 영영 볼 수 없을 거라고 생각했다. 팔머스턴 부인이 소리를 질렀다 (정말 도움이 안 되는 여자다). 그때 앨버트가 물 위로 떠오르더니 숨을 헐떡거렸다. 나는 손을 내밀어서 그를 끌어올렸다.

풍덩!

앨버트를 살려준 하늘에 얼마나 감사한지 모른다! 앨버트가 수영

을 할 수 있어서 참 다행이다! 앞으로 앨버트가 이런 일로 나를 놀라게 하는 일이 없었으면 좋겠다. 스케이트는 꽁꽁 숨겨 놓았으니 절대 못 찾을걸!

'내가 얼마나 잘 웃는 여왕인데!'
- 빅토리아 여왕의 즐거운 시간 -

빅토리아 여왕은 여름에 해변으로 여행가는 것을 좋아했다. 빅토리아 시대에는 의사들이 건강에 좋다면서 해수욕을 적극 권했다. 브라이턴 등 해변 휴양지는 상류층 사이에서도 크게 인기를 끌었다. 다만 해수욕을 하는 것은 좀 곤란했다. 빅토리아 시대에는 여성이 다리를 드러내는 것은 상상할 수 없었고, 다리라면 의자 다리조차 보이지 않게 꽁꽁 감싸는 시대였다. 그래서 여성들은 목부터 발가락까지 온몸을 감싸는 수영복을 입었기 때문에 바닷물에 몸을 담그기가 쉽지 않았다. 빅토리아 여왕은 1847년 와이트 섬 오즈번에서 처음으로 해수욕을 즐겼다.

빅토리아 여왕의 즐거운 해수욕

 빅토리아 여왕은 첫 해수욕에서 머리가 젖는 아찔한 경험을 하고 나서 방법을 조금 바꾸었다. 우선 바닷물로 얼굴을 조심스럽게 닦은 다음, 머리를 아주 꼿꼿이 들고 바다에 '풍덩' 들어갔다. 그러니 빅토리아 여왕이 수영을 잘 못한 것도 당연한 일이다.

왕세자의 교육

아이들이 자라면서 새로운 걱정거리가 생겼다. 여왕은 아홉 명의 자녀를 두었지만 그중에서 영국의 미래를 책임질 아이는 에드워드 왕자였다. 에드워드 왕자는 장차 왕위를 이을 왕세자였기 때문이다. 앨버트 공과 빅토리아 여왕은 왕세자가 아주 어렸을 때부터 미래의 왕이 될 재목으로 키우기 위한 교육을 시켰다.

앨버트가 왕세자를 늘 지켜보고 인도해 주었으면 좋겠어.

빅토리아 여왕은 에드워드 왕세자가 앨버트 공의 축소판으로 자라기를 진심으로 바랐다. 그런데 안타깝게도 왕세자는 앨버트 공의 총명함을 물려받지 못했다. 사실은 조금 덜 떨어진 편이었다. 그러니 아무리 가정 교사를 붙여 주어도 소용없었다. 총명함이라는 게 하늘에서 뚝 떨어질 리가 없는 일이니 말이다. 반면에 큰딸 빅토리아는 똑똑하고 강인한 아이였다. 빅토리아 여왕은 에드워드를 두고 멍청하다고 공공연히 말하곤 했다.

어릴 때부터 에드워드의 유일한 재능은 여자들을 쫓아다니는 것이었다. 빅토리아 여왕은 어린 에드워드 왕자가 유람선을 타다가 바다에 떨어질 뻔했다고 여자에게 거짓말하는 것을 엿들었다. 여왕은 에드워드에게 잔소리를 하고 멀리 쫓아 보냈다.

에드워드는 일곱 살 때부터 헨리 버치 목사의 관리를 받았다. 버치 목사는 엄격하게 시간표를 짜서 날마다 6시간 30분 동안 영어, 작문, 프랑스 어, 수학, 음악, 독일어, 그림, 지리학을 공부시켰다. 놀이나 운동을 할 시간은 전혀 없었다. 여자들을 만날 시간도 없었다. 혹시 어렸을 때 워낙 재미없게 지내서 나중에 그렇게 여자들을 쫓아다닌 것은 아니었을까? 에드워드는 일과를 시작하고 끝낼 때마다 버치 목사 앞에서 기도문을 암송하면서 비참한 나날을 보냈다. 에드워드는 수업에 재미를 느끼지 못했고, 가정 교사들에게 인상을 쓰거나 침을 뱉고 심지어는 돌까지 던졌다. 그러다가 독일어 가정 교사에게 야단을 맞고 버럭 화를 냈다.

빅토리아와 앨버트는 왕세자를 이해하지 못했다. 빅토리아 여왕은 아들을 모범적이고 총명한 앨버트 공의 축소판으로 키우기 위해 노력했다. 하지만 그 결과는 정반대였다. 에드워드는 뚱뚱하고 못생긴 왕자로 자라서 왕실의 골칫덩어리가 되고 말았다. 빅토리아 여왕이 어린 에드워드에게 좀 더 다정다감하게 대했다면, 에드워드는 좀 더 나은 어른이 되었을지도 모른다.

에드워드 왕세자가 말썽꾸러기로 자라는 동안 빅토리아 여왕과 앨버트 공은 국가에 대한 의무를 다하기로 굳게 마음먹었다. 특히 앨버트는 온 국민에게 자신의 명석함을 인정받을 생각이었다.

성실한 여왕

앨버트 공에게는 꿈이 있었다. 그는 박람회를 개최하고 싶었다. 단순히 자신의 그림을 전시하는 소박한 박람회가 아니라 거창한 박람회를 열고 싶었다. 앨버트 공은 19세기 중반의 영국 사회가 세계를 바꾸어 놓을 수 있는 진보와 발명의 시기에 접어들었다고 생각했다. 앨버트 공은 세상을 낙관적으로 보는 사람이었다.

앨버트 공을 가까운 정신병원으로 데려가야 한다고 생각하는 사람도 많았다. 그러나 앨버트 공은 정신줄을 놓은 것이 아니었다. 그의 꿈은 세계 최고의 무역 박람회를 개최하는 것이었다. 무역 박람회는 영국의 발전된 예술, 공예, 산업을 과시할 기회였다. 뿐만 아니라 전 세계에서 몰려든 최고의 전시품들을 전시하는 무대가 될 것이기도 했다. 만국 박람회는 21세기의 기념비적인 건축물 밀레니엄 돔에 비견될 만큼 거대한 작업이었다. 그리고 밀레니엄 돔이 그랬듯 만국 박람회의 출발 역시 크게 삐걱거렸다.

앨버트의 초대형 유리 온실

당연히 많은 사람들이 앨버트 공의 생각을 비웃었다. 사람들은 앨버트 공이 외국인이라는 사실을 잊지 않고 있었다. 의회 역시 필요한 자금을 주지 않고 앨버트 공의 거창한 계획에 찬물을 끼얹었다. 하지만 빅토리아 여왕이 1,000파운드를 기부하자 곧 다른 사람들도 기부 행렬에 동참하기 시작했다.

이제 남은 문제는 박람회를 개최할 장소였다. 만국 박람회를 개최하려면 큰 공간이 필요했는데 런던의 하이드 공원이 가장 적합한 곳이었다. 〈타임스〉지는 하이드 공원에서 만국 박람회를 개최하면 런던의 모든 '떠돌이'들이 몰려들 것이라며 반대했다. 또 꼴사나운 벽돌 건물을 지으면 공원의 아름다운 풍경을 망친다고 징징거리는 사람도 많았다.

앨버트는 다행히 구세주를 찾았다. 조지프 팩스턴이 유리와 철을 이용해서 하이드 공원의 나무들을 뒤덮을 만큼 거대한 구조물을 짓겠다고 나선 것이다. 조립식으로 구조물을 세우고 박람회가 끝난 뒤에 철거하면, 하이드 공원의 풍경을 망칠 필요가 없다는 주장이었다. '수정궁'이라고 불린 이 거대한 유리 온실은 19세기의 경이로운 건축물이 되었다. 이로써 거대한 유리 온실 박람회의 막이 올랐다.

1851년 5월 1일, 만국 박람회 개막식이 열렸다. 2만 5,000명이 개막식 행사에 초대되었고, 빅토리아 여왕은 헨델의 〈메시아〉 중에서 '할렐루야 합창'이 울려 퍼지는 가운데 분홍색 드레스를 입고 자부심이 가득한 얼굴로 개막을 선언했다.

이쯤 되면 박람회를 반대하던 사람들도 인정할 수밖에 없었

다. 앨버트 공의 유리 온실 만국 박람회는 대성공이었다. 더운 여름날에 하루 평균 6만 명이 몰려들어 경이로운 전시품들을 구경하며 감탄했다. 어떤 사람들은 카드로 만든 집이 바람 앞에 힘없이 무너지듯이, 유리로 만든 수정궁도 와르르 무너질 것이라고 주장했다. 또 어떤 사람들은 참새 배설물의 무게 때

문에 유리 지붕이 산산조각날 것이라고 말했다. 월링턴 공작은 이 말을 듣고 '참새 대가리들의 헛소리'라고 잘라 말했다. 앨버트 공은 모든 문제를 처리하면서 밤낮없이 일에 매달렸다. 빅토리아 여왕은 '가여운 앨버트는 녹초가 되었다.'라고 일기에 적었다.

앨버트 공이 노력한 보람이 있었다. 개막식 날 빅토리아 여왕은 화창한 날씨를 만끽하면서, 마차를 타고 환호하는 국민들로 가득한 거리를 행진했다. 빅토리아 여왕은 박람회 개막식이 인생 최고의 날이었다고 일기에 적었다. 물론 그 전에도 그런 말을 하기는 했지만.

> 국민들의 환호와 기쁨에 찬 얼굴, 화려한 장식과 전시품으로 가득한 거대한 건물, 오르간 소리, 이 '평화의 제전'을 이루어 낸 사랑하는 남편. 정말 감동적이고 보람있는 하루였다.
>
> — 진짜 빅토리아의 일기

물론 만국 박람회 개막식에는 실수도 있었다. 개막식 행렬에서 캔터베리 대주교와 월링턴 공작 사이에서 중국 전통의상을 입고 자랑스럽게 걷는 한 남자가 눈에 띄었다. 사람들은 그 남자가 중국 대사일 거라고 생각했다. 그런데 그 남자는 템스강에 정박된 정크보트*의 주인이라는 황당한 사실이 드러났다.

'내가 얼마나 잘 웃는 여왕인데!'
-빅토리아 여왕의 즐거운 시간-

만국 박람회장에서도 황당한 실수가 벌어졌다. 빅토리아 여

*정크보트: 사각형 돛이 달리고 바닥이 평평한 중국 배.

왕은 유리 조각 전시장에서 발걸음을 멈추고, 몸을 굽혀 전시품을 감상했다. 그리고 한 유리 조각 전시품을 손으로 가리켰다. 소년이 배에서 뛰어내리는데, 거대한 눈 하나가 구름 위에서 아이를 지켜보는 작품이었다. 유리 조각 장인은 허둥대며 이렇게 설명했다.
"전하, 이 거대한 눈은 하느님의 눈이고 소년은 왕세자 전하입니다. 하느님이 왕세자 전하가 영국 왕위에 오를 순간을 고대하며 구름 위에서 지켜보고 있는 모습입니다."
사람들은 간담이 서늘해져 침묵을 지켰다. 다시 말해서 여왕이 세상을 하직하는 것이 큰 경사라는 말이 아닌가? 빅토리아 여왕은 웃음을 참으며 발걸음을 옮겼고, 유리 조각 전시장을 나서자마자 박장대소했다.

빅토리아 여왕은 만국 박람회가 어찌나 마음에 들었던지 거의 날마다 박람회장을 찾았다. 만국 박람회에 흠뻑 빠진 사람은 여왕뿐만이 아니었다. 잉글랜드와 웨일스 인구의 3분의 1에 해당하는 600만 명이 박람회장을 찾았다. 오늘날에도 한 행사에 이렇게 많은 관중이 몰리는 것은 상상조차 하기 어렵다.

평생 기차나 런던을 구경하지 못한 북쪽 지방 사람들은 새로 놓인 철로를 타고 박람회 구경을 왔다. 신문에서는 냄새 나는 가난뱅이들이 박람회장에 들어오면 폭동이 일어날 거라고 야단이었다. 그러나 코이누르 다이아몬드를 슬쩍한 사람도 없었을 뿐더러, 공원의 튤립 한 송이조차 함부로 꺾는 사람이 없었다. 상류층 인사들 못지않은 노동자 계층의 점잖은 행동은 놀라운 일로 취급되었고 크게 환영을 받았다.

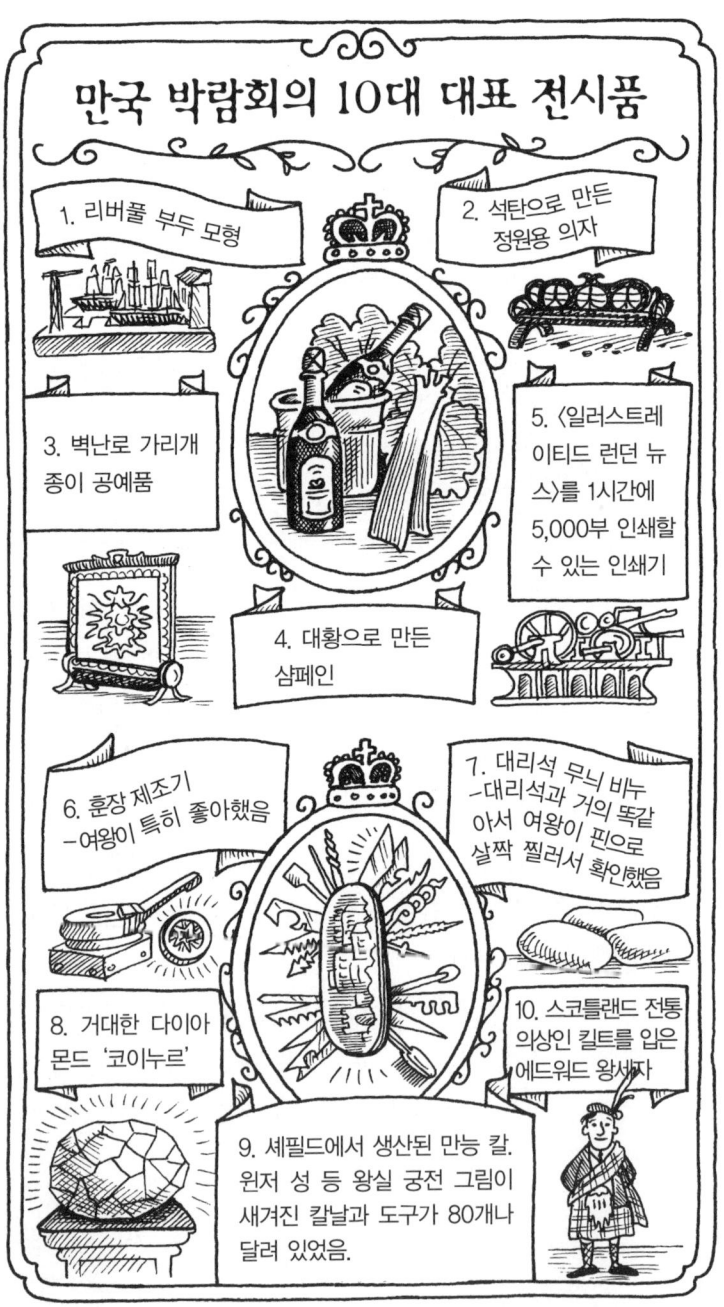

빅토리아 시대의 가치관

냄새 나는 가난뱅이들

앨버트 공은 새로운 발명의 시대가 열리면 세상이 좋아지리라는 희망을 품었다. 그것은 분명 기특한 생각이었다. 그렇지만 발명의 시대가 열린다고 해서 가난뱅이들의 생활이 나아지지는 않았다. 게다가 인구도 빠르게 늘어나고 있었다. 1800년에는 1,550만 명이었던 인구가 만국 박람회가 열린 1851년에는 거의 두 배로 늘어났다.

1800년만 해도 사람들은 대부분 시골에서 살았지만, 1850년에는 수백만 명이 일자리를 찾아 도시로 왔다. 석탄과 기계와 값싼 노동력 덕분에 영국에서 산업 혁명이 일어났기 때문이다. 영국 미들랜즈 일부 지역은 검은 도시라고 불렸는데, 산업 혁명으로 굴뚝에서 검은 연기가 피어오르고 불쌍한 노동자들의 얼굴이 새까매졌기 때문이다.

가난한 사람들은 도시의 더러운 빈민가에 모여 살았다. 런던 일부 지역에서는 연립 주택 한 채에 마흔 명이 복작대며 살았다. 그래도 그 정도면 억세게 운이 좋은 편이었다! 집이 없는 노숙자들은 길거리에서 푼돈을 내고 굵은 밧줄에 기대어 잤다.

런던의 대악취 사건

영국의 도시들은 쓰레기로 넘쳐났다. 사람 배설물은 '분뇨 처리반'들이 가져갔다. 런던 하수도에는 개와 고양이 시체, 거대한 쥐, 썩은 생선, 넝마와 말똥이 가득하다는 이야기가 떠돌았다. 쯧쯧, 그래서 런던 시민들이 그렇게 향수로 목욕을 하고 다녔나 보다.

하수는 가끔 강으로 스며들었다. 여왕이 사는 궁전도 예외는 아니었다. 윈저 성의 정원에서 템스 강의 냄새 나는 분뇨가 종종 발견되기도 했다. 여왕은 장미 꽃밭에 거름이 되는 분뇨를 강물에 내다 버리라고 명령했다.

1858년에는 '대악취 사건'이 일어나 템스 강에서 풍기는 악취가 절정에 달했다. 유난히 길고 더웠던 그해 여름, 템스 강의 역겨운 악취가 의사당까지 풍겨서 의원들이 구역질을 했다. 의회는 악취 때문에 휴회할 수밖에 없었다. 마침내 용감한 의원들 몇몇이 해결책을 찾기 위해 나섰다. 의원들은 돈을 모아 런던 지하에 배수 시설을 만들자고 주장했다.

'내가 얼마나 잘 웃는 여왕인데!'
-빅토리아 여왕의 즐거운 시간-

빅토리아 여왕은 앨버트 공이 명예 학위를 받은 케임브리지 트리니티대학을 둘러보았다. 당시 케임브리지는 런던만큼 하수도 시설이 형편없어서 온갖 오물과 종이가 강으로 흘러 들었다. 여왕 일행은 대학을 둘러보던 중에 다리에 멈추어 섰다. 여왕은 강물을 가리키며 "강물에 떠 있는 저 종이 조각이 대체 무엇이냐?"고 물었다. 이 곤란한 순간에 트리니티대학 학장이 나섰다.

휘그당과 토리당

빅토리아 여왕도 만국 박람회의 영광을 만끽하기는 했지만, 만국 박람회 대성공의 주인공은 앨버트 공이었다. 여왕은 정치를 하고 총리들과 만나면서 하루 일과를 보냈다. 빅토리아 여왕은 평생 열 명이나 되는 총리들을 갈아치웠으니, 그 많은 총리들의 이름을 외우기도 어려웠을 것이다. 빅토리아는 1838년에 즉위하여 멜번 경을 첫 총리로 맞이했고, 솔즈베리 경이 총리를 지낸 1901년에 세상을 떠났다.

빅토리아 여왕의 총리들		
이름	당	재임 횟수
멜번 경	휘그당	🎩
로버트 필 경	토리당	🎩
존 러셀 경	휘그당	🎩 🎩
더비 백작	토리당	🎩 🎩 🎩
애버딘 백작	토리당	🎩
팔머스턴 경	휘그당	🎩
벤저민 디즈레일리 경	토리당	🎩 🎩
윌리엄 글래드스턴	휘그당	🎩 🎩 🎩 🎩
로버트 솔즈베리	토리당	🎩 🎩
로즈베리 백작	휘그당	🎩

빅토리아 여왕 시대에는 휘그당과 토리당이 각축전을 벌였다. 빅토리아 여왕 집권 말기에 제3당인 노동당이 등장했지만, 처음에는 겨우 의원 한 명으로 출발했다. 노동당 의원 케어 하디는 노동자 계층임을 드러내기 위해 일부러 지저분한 작업복과 작업모를 걸친 채 시끄러운 관악단을 거느리고 의회에 등장했다.

그렇다면 휘그당과 토리당을 어떻게 구별할 수 있을까? 안타깝게도 휘그당은 우스꽝스러운 가발 따위를 쓰고 다니지 않아

구별이 쉽지 않았다. 휘그당과 토리당 의원들은 하나같이 구레나룻을 덥수룩하게 기르고 커다란 실크 모자를 쓰고 다녔다.

휘그당 의원

휘그당은 진보당으로 불렸다. 여왕보다 의회의 힘이 커야 한다고 믿었다.

토리당 의원

토리당은 보수당으로 불렸다. 토리당 의원들은 왕실과 상류층을 지지했다.

노동당 의원

노동당 의원을 떠버리 무뢰한이라고 생각하는 사람들도 있었다.

빅토리아 여왕은 여왕으로 즉위하면서 휘그당을 강력히 지지했다. 하지만 그건 단지 멜번 경을 포함한 측근들이 모조리 휘그당원이었기 때문이다.

빅토리아 여왕은 앨버트 공에게 정치에서는 누구의 편도 들지 말아야 한다는 지혜를 배웠다. 그러나 마음속으로 토리당을 지지했고, 말년에는 특히 그랬다. 그렇다면 빅토리아 여왕을 모신 열 명의 총리 가운데 가장 유명한 인물들을 간단히 살펴보자.

빅토리아 여왕을 모신 총리들

로버트 필
토리당 총리
(두 차례 재임: 1834~1835년, 1841~1846년)
왕실과의 관계: 서먹서먹함. 걸을 때 발을 끄는 버릇이 있었으나 앨버트 공의 신임을 받았다.
전성기: '필러'라는 별명으로 불린 런던 경찰국을 처음 세웠고 빈곤층이 빵을 살 수 있도록 곡물법을 폐지했다.
빅토리아 여왕의 평가: 그레빌 경은 "그가 다리를 방정맞게 움직이지만 않았더라면 여왕의 미움을 덜 받았을 것"이라고 말했다.

팔머스턴 경
휘그당 총리
(두 차례 재임: 1855~1858년, 1859~1865년)
왕실과의 관계: 파란만장함. 잦은 실수로 빅토리아 여왕과 앨버트 공의 눈총을 받았다.
전성기: 거의 다섯 시간 동안 자신의 외교 정책을 변호하는 연설을 했다.
빅토리아 여왕의 평가: "팔머스턴 경 때문에 내가 골치가 아파."

벤저민 디즈레일리
별칭은 디지, 혹은 비콘스필드 백작
토리당 총리
(두 차례 재임: 1686년, 1874~1880년)
왕실과의 관계: 훈훈함. 여왕은 "역시 칭찬은 고래도 춤추게 하는 법이야!"라고 말했다.
전성기: 투표권자의 수를 두 배 늘렸고, 빅토리아 여왕에게 인도 여황제 칭호를 선물했다.
빅토리아 여왕의 평가: "디즈레일리 경은 시와 낭만과 기사도로 똘똘 뭉친 사람이야."

윌리엄 글래드스턴
별칭은 원로 어르신
휘그당 총리
(네 차례 재임: 1868~1874년, 1880~1885년, 1886년, 1892~1894년)
왕실과의 관계: 썰렁함. 글래드스턴은 빅토리아 여왕에게 일장 연설을 늘어놓았다.
전성기: 61년 동안 의원 자리를 지키다가 의원 노릇이 너무 지겨워서 죽었다.
빅토리아 여왕의 평가: "무시무시한 원로 어르신!"

디즈레일리 대 글래드스턴

빅토리아 여왕 시대의 두 거물 정치인 디즈레일리와 글래드스턴은 성격이 극과 극이었다. 두 사람은 걸핏하면 의회에서 충돌했는데, 쾌활하고 침착한 디즈레일리가 신경질적인 글래드스턴보다 유리한 입장이었다.

윌리엄 글래드스턴은 신앙심이 매우 깊어서, 자신의 계획이 곧 하느님의 뜻이라고 생각했다. 그는 시간이 날 때마다 도시의 뒷골목을 어슬렁거리며 '밤거리 여자들'과 이야기를 나누었다. 글래드스턴은 밤거리 여자들의 몸을 더듬는 것이 아니라, 그들의 영혼을 구하는 데 관심이 있다고 말했다. 글래드스턴이라면 충분히 그럴 만도 하다. 하지만 빅토리아 여왕이 그의 취미를 알았다면 과연 어떻게 생각했을까?

빅토리아 여왕은 글래드스턴을 괴짜라고 생각했다. 글래드스턴은 디즈레일리와는 달리 재치나 매력이 전혀 없었고, 여왕에게 아첨하기는커녕 늘 여왕을 가르치려고 들었다. 한번은 여왕과의 약속 시간에 늦게 나타났는데, 농담으로 상황을 모면하려다가 오히려 사태를 악화시켰다. 그는 어릴 때부터 늦되어서

늘 약속에 늦는다고 시답잖은 농담을 했다.
 빅토리아 여왕은 차가운 표정으로 "짐은 재미없소!"라고 대답했다.
 침울한 성격의 글래드스턴과 달리 디즈레일리는 영국 역사상 가장 쾌활한 총리로 꼽혔다. 디즈레일리는 에스파냐계 유대인 집안에서 태어났지만, 어릴 때 기독교 교회에서 세례를 받았다. 당시 의원들은 대부분 귀족 집안 출신의 영국인이었기 때문에, 그는 의회에서 철저한 이방인이었다. 그의 무기는 재치와 매력이었다. 그리고 취미로 소설을 써서 인기 소설가가 되었다. 디즈레일리는 "난 좋은 소설을 읽고 싶으면 직접 쓴다!"라는 겸손한 말을 남겼다.
 디즈레일리는 멋지게 차려입고 하원에 나가기를 좋아했다. 그는 보석이 박힌 반지를 끼고, 멋진 조끼를 입고, 염소수염을 기르고, 흰 머리를 염색했다. 처음에는 디즈레일리를 망나니라고 생각했던 빅토리아 여왕도 점차 그를 좋아하게 되었다. 디즈레일리가 여왕의 비위를 맞추는 데는 선수였기 때문이다. 그는 여왕 앞에서 넉살 좋게 아첨을 했다.

한 여성은 두 사람에 대해서 이렇게 말했다.

"글래드스턴 씨 옆자리에 앉았을 때는, 글래드스턴 씨가 영국에서 가장 똑똑한 남자라고 생각했어요. 그런데 디즈레일리 씨 옆자리에 앉았을 때는 제가 영국에서 가장 똑똑한 여자처럼 느껴졌어요." 그래서인지 여왕은 늘 글래드스턴보다는 디즈레일리를 좋아했다.

1등석 기차 여행

빅토리아 여왕은 정치를 하지 않을 때는 버킹엄 궁, 윈저 성, 스코틀랜드의 발모럴 성, 와이트 섬의 오즈번하우스 별장을 옮겨 다니며 시간을 보냈다. 다른 교통수단으로 런던에서 스코틀랜드로 가려면 시간도 많이 걸리고 매우 불편했겠지만, 다행히도 빅토리아 여왕 재임 초기에 기차가 발명되었다.

기차가 발명되기 전 대부분의 사람들은 마차를 타고 다녔다. 마차는 시끄럽고 덜컹거리는 데다 굼벵이처럼 느렸다. 게다가 교통 규칙도 없어서 사고나 말다툼이 자주 일어났다. 하지만 기차는 번개처럼 빨랐기 때문에 이내 큰 인기를 끌었다. 마차로 런던에서 요크까지 가려면 나흘이 걸렸지만, 기차로는 12시간이면 충분했다. 1825년에 최초의 공영 증기 선로가 개통되었고, 1840년대에는 빅토리아 여왕조차도 기차를 이용하게 되었다.

> 우리는 어제 아침에 이곳에 왔다. 기차를 탄 덕분에 사람과 먼지와 더위에 시달리지 않고 윈저 성에서 이곳까지 30분 만에 도착했다. 난 기차가 정말 마음에 든다.
>
> — 진짜 빅토리아의 일기

물론 빅토리아 여왕이 국민들과 똑같이 기차 여행을 한 것은 아니었다. 여왕은 기차의 소음과 진동을 줄이기 위해 벽과 천장에 완충재를 대고 감청색 비단 천까지 씌운 특실에 탔다. 앨버트 공과 빅토리아 여왕이 편안히 자면서 여행할 수 있도록 황동 침대 두 개도 준비되어 있었다.

하지만 3등석 객차에 탄 하인들의 사정은 달랐다. 하인들은 나무 의자에 자리만 잡아도 운수대통이었다. 3등석 객차는 옆구리가 트여 있어서 승객들이 달리는 열차에서 떨어지기 일쑤였다! 게다가 대부분의 객차에는 지붕이 없어서 비가 오면 흠뻑 젖었다. 비가 오지 않는 날이라고 해도 사정은 별반 다르지 않았다. 승객들은 엔진에서 나오는 재 때문에 얼굴이 새까매지거나 열차가 터널을 지날 때 나오는 연기 때문에 숨을 쉴 수가 없었다. 그런데도 기차 여행이 그렇게 인기를 끈 것을 보면 참 희한한 일이다.

바다의 지배자

빅토리아 여왕은 전용 배 '빅토리아와 앨버트호'를 타고 바다에 나갔다. 1843년 해군성은 여왕을 위해 1,000톤급의 증기선을 주문했다(돈은 나라에게 지불했다).

19세기 중반부터는 증기선이 인기를 끌었다. 1858년에는 당시 바다를 누비던 다른 배들보다 여섯 배나 큰 그레이턴 웨스턴 호가 출범했다. 이 배는 유명한 조선 기술자 이점바드 킹덤 브루넬이 설계했다.

그 뒤 증기선은 점차 규모가 커지더니 대형 여객선 타이태닉호까지 등장했다. 그러나 타이태닉호는 1912년에 침몰했다.

시골 생활

빅토리아 여왕은 버킹엄 궁보다 윈저 성을 좋아했지만, 앨버트 공은 시골을 좋아했다. 도시에서 풍기는 지독한 악취를 생각하면 당연한 일이다.

빅토리아 여왕과 앨버트 공은 아이들과 함께 조용히 지낼 수 있는 소박한 시골 별장을 찾아 나섰다. 두 사람은 스코틀랜드의 발모럴 성과 와이트 섬의 오스본 하우스를 찾아냈다. 앨버트 공은 직접 설계해서 발모럴 성과 오스본 하우스를 다시 지었다. 여왕 부부에게 발모럴 성과 오스본 하우스는 궁정 생활에서 벗어나 평화로운 시간을 보낼 수 있는 소중한 오아시스였다. 하지만 런던 웨스트민스터의 장관들은 오랜 시간 동안 기차를 타고 여왕의 별장까지 와야 했기 때문에 달가워하지 않았다.

여왕의 집

버킹엄 궁전

1762년에 빅토리아 여왕의 할아버지 조지 3세가 저렴한 가격에 사들인 궁전이다. 버킹엄 궁은 국빈 만찬에 자주 이용되었다. 앨버트 공은 건축업자를 불러서 건물 정면에  발코니를 짓고 악취 나는 배수관과 화장실을 고쳤다.

빅토리아 여왕의 평가: 나는 원래 버킹엄 궁과 런던에서 지내는 것을 좋아했지만, 앨버트 공과 결혼하면서 달라졌다. 앨버트 공은 발모럴 성 오스본 하우스에서 조용히 숨어 지내는 것을 좋아했다.

오스본 하우스

앨버트 공이 이탈리아식으로 설계하고 건축한 바닷가 별장이다. 앨버트 공은 브라이튼 파빌리온 궁전을 판 돈에 빅토리아 여왕이 준 돈을 보태어 오스본 하우스를 구입했다. 그는 높은 단상에 올라가서 깃발을 들고 신호를 보내 정원수를 심을 장소까지 직접 지시했다. 이 집에는 아이들이 지낼 스위스식 오두막집 한 채와 왕자들이 병정놀이를 할 요새를 지었다.

빅토리아 여왕의 평가: "세상에서 여기보다 예쁜 곳은 없을 거야. 이곳에서는 어디를 가도 우리를 귀찮게 따라오거나 괴롭히는 사람이 없어." 빅토리아 여왕은 브라이튼 파빌리온 궁전

에서는 자신들을 구경하듯 쳐다보는 사람들이 너무 많다고 했다. 게다가 거리를 지나는 아이들은 원숭이라도 구경하듯 자신을 빤히 쳐다보았다고 투덜거렸다.

발모럴 성

빅토리아 여왕이 괴짜 구두쇠 존 캠던 닐드의 유산으로 구입한 스코틀랜드 별장이다. 앨버트 공은 이곳의 산과 숲을 보고 독일을 그리워했다. 훗날 앨버트 공이 세상을 떠난 뒤, 빅토리아는 이곳에서 앨버트 공을 그리워

했다. 여왕은 발모럴 성에서 농부처럼 지냈다. 귀리로 아침 식사를 하고, 백파이프 소리와 깨끗한 공기와 스코틀랜드 춤을

즐겼다. 하인들이 술을 마시며 벌이는 광란의 무도회에 가끔 참석해 춤을 추기도 했다. 여왕 가족은 스코틀랜드 전통 의상인 킬트를 입는 것도 좋아했다.

빅토리아 여왕의 평가: "참 아담하고 예쁜 성이야."

윈저 성

영국에서 가장 오래된 왕실 궁전이며, 사람이 사는 궁전으로는 세계 최대 규모다. 윈저 성은 1066년에 정복왕 윌리엄이 처음으로 지었고, 그 뒤 여러 왕들이 손을 보았다. 빅토리아 여왕이 스무 살에 앨버트 공을 만나 사랑에 빠진 것도 윈저 성이었다. 윈저 성의 유일한 단점은 템스 강에서 풍기는 악취였다. 한번은 배설물이 가득한 지하 오물 구덩이가 53개나 넘쳐흘렀다. 윈저 성의 문을 닫을 수밖에 없었던 한 가지 이유도 엄청난 악취 때문이었다.

빅토리아 여왕의 평가: 빅토리아 여왕은 사흘 동안의 신혼여행을 윈저 성에서 보냈다. 윈저 성이 있는데 굳이 프랑스 남부로 신혼여행을 갈 필요가 있겠어?

빅토리아 여왕과 앨버트 공은 집에서 조용히 지내는 것을 무엇보다 좋아했다. 빅토리아 시대 사람들에게 집은 자신만의 성이었다. 빅토리아 여왕도 예외가 아니었다. 단지 여왕의 집은 진짜 성이라는 점이 조금 달랐다. 빅토리아 시대에는 가정의 행복과 가정생활의 즐거움을 다룬 잡지가 셀 수 없이 많았다. 여왕의 취미는 매우 소박했다. 빅토리아 여왕은 1844년 오스본 하우스에서 보낸 평범한 저녁 시간을 일기에 적었다.

> 아이들과 함께 오스본 하우스에서 지내고 있다. 정말 즐겁고 흥미진진하다. 에드워드와 앨리스는 단짝 친구라서 언제나 함께 논다. 우리는 마주보고 앉아 서로에게 책을 읽어 주었다. 나는 방 가운데에 있는 소파에, 앨버트는 낮은 안락의자에 앉아 책을 읽는다. 앨버트는 작은 탁자 하나를 앞에 두고, 탁자 위에 책을 세우고 읽는다. 사랑하는 가족과 함께 지내는 것은 말로 표현할 수 없을 만큼 행복하다!

진짜 빅토리아의 일기

빅토리아 여왕은 평화로운 가정생활에 행복을 느꼈다. 여왕은 앨버트와 함께 누리는 행복이 곧 끝나리라는 사실을 꿈에도 모르고 있었다. 하지만 얼마 뒤 앨버트 공은 윈저 성의 악취 나는 배수관 때문에 병이 나서 목숨을 잃게 된다. 사랑하는 앨버트의 죽음은 빅토리아 여왕에게 엄청난 불행의 시작이었다. 덕분에 국민들도 불행해졌다.

홀로 된 빅토리아

슬픔에 빠진 여왕

빅토리아 여왕은 늘 앨버트 공보다 건강했다. 여왕은 튼튼해서 병에 걸리는 법이 없었고, 방에 불을 피우는 것도 싫어했다. 그래서 추위에 벌벌 떠는 손님들은 아랑곳하지 않고 불을 피우지 말라고 명령했다. 반면에 앨버트 공은 방이 춥다고 투덜대면서, 가끔 기발한 방법으로 머리를 따뜻하게 보호했다.

앨버트 공은 지나치게 일을 열심히 한데다가 말썽꾸러기 에드워드 왕세자 때문에 걱정이 많았다. 어쨌든 앨버트 공이 42세의 젊은 나이에 죽자 모든 이들이 깜짝 놀랐고, 특히 빅토리

아 여왕은 큰 충격에 빠졌다.

빅토리아 타임스

1861년 12월 15일

의사들의 실수로 앨버트 공 사망하다

어제 늦은 저녁에 앨버트 공이 세상을 떠났다. 앨버트 공은 윈저 성의 엉터리 배수관 때문에 장티푸스에 걸려 죽은 것으로 알려졌다. 하지만 실력 있는 의사만 있었어도 앨버트 공은 죽지 않았을 것이라는 이야기도 나오고 있다.

앨버트 공의 담당 의사는 오랫동안 여왕의 총애를 받은 제임스 클라크 경이었다. 73세의 늙다리 제임스 경은 그에 못지않은 늙다리 헨리 홀랜드 경과 함께 앨버트 공을 치료했다. 클래런던 경은 이 두 의사가 '고양이도 돌볼 수 없는 늙다리 의사'라고 주장했다.

앨버트 공이 헛소리를 하며 방을 돌아다니는 와중에도, 제임스 경은 '걱정할 필요 없다'며 여왕을 안심시켰다. 나중에 다른 의사를 불러 앨버트 공을 진찰하기는 했지만, 이미 손을 쓸 수 없을 정도로 늦은 뒤였다. 장티푸스가 너무 심해져서 앨버트 공은 이미 죽은 목숨이었다.

빅토리아 여왕은 남편이 너무 쉽게 포기했다며 앨버트 공을 탓했다. 여왕은 더비 경에게 "앨버트는 죽을 거예요. 살고 싶은 의지도 없는 것 같아요."라고 말했다.

오늘 영국 전역이 앨버트 공의 죽음을 추모했다. 모든 이들이 앨버트 공을 그리워하겠지만, 슬픔에 잠긴 여왕은 누구보다 앨버트를 사무치게 그리워할 것이다.

희한하게도 앨버트 공은 이미 수년 전에 자신의 죽음을 예언 했다.

나는 중병에 걸리면 살기 위해 발버둥치지 않을 거야.

그리고 앨버트 공의 예언은 맞아떨어졌다. 그는 빅토리아 여왕과 달리 살기 위해 발버둥치지 않았다. 실력 있는 의사가 있었다면 앨버트 공이 죽지 않았을까? 그건 아무도 모르는 일이다.

빅토리아 여왕은 마치 세상이 끝난 것 같은 기분이었다. 사랑하는 앨버트가 죽자 자기의 인생도 끝난 것 같았다. 여왕은 42세로 아직 앞날이 창창했기 때문에 이건 심각한 문제였다. 사실 여왕은 앞으로도 살날이 거의 40년이나 남아 있었다. 힘이 되어 줄 현명한 앨버트 없이 어떻게 살 수 있을까? 그 뒤 빅토리아 여왕은 자신을 비롯한 모든 사람들을 비참하게 만들며 살았다. 바야흐로 영국에 거대하고 음울한 먹구름이 드리운 것이다.

거대한 먹구름

빅토리아 여왕이 앨버트 공을 그리워한 것은 당연했다. 여왕은 남편을 깊이 사랑했고, 거의 모든 문제에서 남편에게 도움을 구했다. 어쨌든 빅토리아 여왕은 1, 2년이 아닌 평생 동안 남편의 죽음을 애도하기로 마음먹었다! 뿐만 아니라 온 국민이 자신과 함께 앨버트 공의 죽음을 애도해야 한다고 생각했다. 여왕은 영국을 검은색 천지로 물들였다.

앨버트 공은 윈저 성의 프로그모어에 묻혔다. 무덤 위에는 앨버트 공의 대리석 조각상이 새겨졌다. 여왕은 남편의 무덤을 자주 찾았고, '사랑스러운 남편의 얼굴'을 보듯이 대리석 조각상을 지그시 쳐다보았다. 여왕은 남편 옆에 자리를 마련해 두고, 남편 옆에 묻힐 날을 고대했다.

젊은 시절에는 패션에 신경을 쓰던 빅토리아 여왕은 남편이 죽은 뒤부터 줄기차게 검은색만 입었다.

빅토리아 여왕은 남편이 죽은 뒤 평생 검은색 옷만 입었다. 총리와 하인들은 물론 온 국민이 여왕을 따라서 검은색 옷을 입었다. 여자들은 검은색 타조 깃털을 모자에 달았고, 남자들은 검은색 띠를 실크 모자 주위에 둘렀다. 심지어 말의 머리에도 검은색 깃털을 달 정도였다.

앨버트 공이 세상을 떠나고 6개월 뒤 앨리스 공주가 결혼식을 올렸다. 공주의 결혼식은 장례식을 방불케 했다. 하객들은 하나같이 검은색 옷을 입었고, 빅토리아 여왕은 앨버트 공의 반신상 밑에서 검은색 상복을 입은 채 얼굴을 찌푸리고 있었다. 그러니 결혼식 사진이 얼마나 보기 좋았을까!

빅토리아 시대의 가치관

장례업의 전성기

빅토리아 시대 사람들은 오늘날 우리가 이해할 수 없을 만큼 죽음과 장례식을 좋아했다. 사람들은 누구나 언젠가 죽는 법이지만, 죽음에 대해 이야기하는 것은 좋아하지 않는다. 하지만 빅토리아 시대 사람들은 달랐다.

당시 사람들이 세상에서 무엇보다 좋아한 것은 멋진 장례식이었다. 어쩌면 19세기에는 요즘보다 죽음이 흔했기 때문인지도 모른다. 그 시절에 가난한 사람들은 40세를 넘기기가 어려웠고, 날마다 수많은 아이들이 질병이나 굶주림으로 죽었다. 그래서인지 빅토리아 시대 사람들은 죽음을 삶의 일부로 받아들였다. 그렇다고 죽음을 조용하게 맞이한 것은 아니었다. 빅토리아 시대에는 장례식을 성대히 치렀고, 장례식 사업은 언제부터인가 거대한 산업이 되었다.

검은색 옷을 상복으로 입는 관습은 1660년부터 시작되었지만, 빅토리아 시대에 들어오면서 크게 유행하게 되었다. 런던에 검은색 옷을 전문으로 판매하는 상점이 생길 정도였다. 1887년에 검은색 옷을 파는 가게가 내걸었던 광고문을 살펴보자.

피터 로빈슨

상복 전문점, 리전트 스트리트

검은색 옷감 전문
입이 떡 벌어질 정도로 싸고 질긴
검은색 비단 신제품!

사람들은 죽은 사람을 애도하기 위해서 검은색 옷을 입고 가구를 검은색으로 염색했다. 상복 전문 상점에 가면 검은색 리본과 부채와 보석을 얼마든지 살 수 있었다. 당연히 상점 주인들은 이익이 남지 않는다고 손님들에게 큰소리를 쳤다. 상복을 입는 기간은 죽은 사람이 얼마나 중요한 인물이었냐에 따라서 달라졌다. 1841년 빅토리아 여왕의 작은어머니가 죽었을 때, 궁정은 겨우 3주 동안 상복을 입고 애도했다. 반면에 앨버트 공이 죽었을 때는 아주 오랫동안 상복을 입었다. 빅토리아 여왕의 하인들은 8년이 지난 1869년에도 여전히 검은색 완장을 차고 있었다!

은둔 생활에 들어간 여왕

빅토리아 여왕은 슬픔을 이기지 못하고 사람들의 눈을 피해 은둔에 들어갔다. 그리고 13년이라는 오랜 세월을 숨어 지냈다. 그 뒤 디즈레일리가 온갖 매력과 재치를 동원해서 여왕을 은둔 생활에서 겨우 끌어냈다.

빅토리아 여왕은 13년 동안 과연 무엇을 하며 지냈을까? 여왕은 스코틀랜드와 와이트 섬의 별장에 머물면서 남편을 그리워했다. 의회가 있는 런던도, 나라를 다스리는 골치 아픈 일도 싫어졌다. 여왕을 은둔 생활에서 끌어내리려면 앨버트 기념관을 세우겠다고 약속하는 수밖에 없었다. 빅토리아는 앨버트 공의 조각상이 영국 곳곳에 세워지기를 바랐다. 울버햄프턴에서 처음으로 앨버트 공의 조각상을 세우자 친히 참석해서 조각상의 덮개를 벗기고, 울버햄프턴 시장에게 기사 작위까지 주었다. 기사 작위를 얻는 아주 손쉬운 방법이 생긴 셈이었다. 갑자기 앨버트 공의 조각상이 영국 전역에 세워지기 시작했다!

오늘날 런던 하이드 공원에서 조금만 걸어가면 앨버토폴리스가 보인다. 이밖에도 앨버트 공을 기리는 건축물은 수없이 많았다.

앨버트 공의 삶

빅토리아 여왕은 앨버트가 죽은 뒤에도 여전히 살아 있는 것처럼 행동했다. 클래런던 경은 오스본 하우스로 여왕을 찾아갔을 때, 마치 앨버트 공이 그곳에 있는 것 같은 기분이 들었다. 빅토리아 여왕이 그날의 만남을 일기에 기록했다면 이렇게 쓰지 않았을까?

빅토리아의 비밀 일기

오늘 클래런던 경이 찾아왔다. 나는 앨버트의 방에서 그를 만났다. 앨버트의 물건은 그가 살아 있을 때와 똑같이 탁자에 정리되어 있었다. 앨버트의 펜과 압지와 손수건은 소파에 놓여 있고, 여전히 째깍거리는 그의 시계와 신선한 꽃도 있었다. 나는 클래런던 경과 오랫동안 이야기를 나누었는데, 주로 앨버트에 대해 이야기했다. 의회 법령 같은 피곤한 이야기 따위는 듣고 싶지 않다.

나는 저녁마다 앨버트가 내일 입을 옷을 그의 방에 준비해 둔다. 그리고 아침마다 그의 요강을 깨끗이 씻어 둔다. 앨버트가 자던 침대 오른쪽 벽에는 앨버트의 사진을 걸었다. 나는 사랑하는 앨버트를 결코 잊지 않을 것이다! 그리고 다른 사람들도 앨버트를 잊지 않도록 만들 테다.

빅토리아 여왕은 바깥세상을 완전히 잊고, 앨버트 공의 귀신을 붙들고 지냈다. 여왕은 외국에 나갈 때도 앨버트 공에게 멋진 풍경을 보여 주기 위해서 그의 사진을 가지고 다녔다.

게으름뱅이 여왕

앨버트 공이 죽고 몇 년이 지나자 마침내 국민들도 나랏일을 돌보지 않는 여왕에게 진저리를 내기 시작했다. 이제 여왕이 슬픔을 이기고 나라를 다스릴 때도 되지 않았을까? 국민에게 얼굴을 보이지 않는 여왕이 무슨 필요가 있을까?

각 신문과 비판적인 의원들은 투덜대기 시작했다. 빅토리아 여왕의 인기는 뚝 떨어졌고, 국민들은 빅토리아를 '게으름뱅이 여왕'이라고 부르기 시작했다. 어떤 사람들은 여왕이 제정신이 아니라고 속닥거렸다. 따지고 보면 영국 왕실에 미치광이의 피가 흐르는 것도 사실이었다. 조지 3세는 나무에게 말을 걸었다고 하니 말이다.

버킹엄 궁 밖에는 여왕을 조롱하는 포스터가 나붙었다.

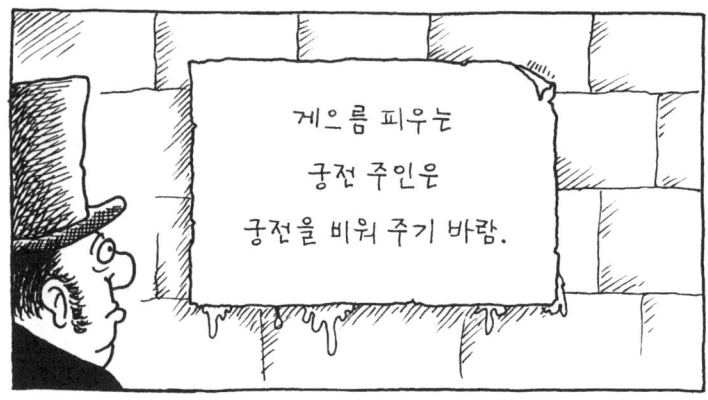

문제를 해결할 방법은 단 한 가지였다. 왕세자가 여왕의 공적인 의무를 대신하는 것이었다. 그러나 빅토리아 여왕은 에드워드 왕세자에게 권력을 넘기고 싶은 생각이 눈곱만큼도 없었다. 에드워드는 어린 시절에 선생님의 수염을 잡아당기는 말썽꾸러기였다. 그렇다면 에드워드는 그동안 어떤 어른으로 자랐을까?

말썽꾸러기 에드워드

에드워드는 어른이 된 뒤에도 계속 엄격한 교육을 받았다. 빅토리아 여왕과 앨버트 공은 에드워드가 어리석고 게으르다며 끊임없이 투덜거렸다. 여왕 부부는 에드워드도 일이 생기면 게으름에서 벗어날 수 있다는 생각을 꿈에도 하지 못했다. 빅토리아 여왕은 늘 에드워드가 약해빠지고 멍청하다고 한탄했다.

에드워드의 머리는 트렁크 바닥에 구겨 넣은 권총만큼이나 쓸모가 없어.

여왕 부부는 에드워드의 지능과 성격을 개조하려고 에드워드를 대학에 보냈고, 나중에는 군대에 보냈다. 에드워드는 옥스퍼드대학에서 가장 불행한 학생이었다. 또래의 다른 학생들과 어울릴 수 없었을 뿐더러, 경호원인 로버트 브루스 소령으로부터 끊임없는 감시를 받았다. 심지어 산책을 가려고 해도 편지를 써서 허락을 받아야 했다.

부모님은 거의 18세가 된 에드워드를 버릇없는 어린애처럼 취급했다. 빅토리아 여왕은 단 한 번도 에드워드를 찾아가지 않았고, 앨버트 공은 편지를 써서 교육과 의무에 대해 따분한 설교를 늘어놓았다.

이런 형편이니 에드워드가 말썽을 부린 것도 당연한 일이다. 에드워드는 군대에서 여자 친구를 사귀었다. 에드워드의 여자 친구는 공주가 아닌 넬리 클리프덴이라는 여배우였다. 그 시절에 왕세자가 여배우와 사귀는 것은 충격적인 사건이었다. 깐깐한 앨버트 공은 이 사건으로 크게 화를 냈고 얼마 뒤에 세상을 떴다. 빅토리아 여왕은 그 뒤로도 왕세자를 볼 때마다 몸서리가 쳐진다고 말했다.

빅토리아 여왕은 말썽꾸러기 왕세자의 버릇을 고치려고 재빨리 신붓감을 구했다. 1863년 5월 10일, 에드워드는 덴마크의 알렉산드라 공주와 결혼했다. 돈이 궁한 덴마크 왕실은 여배우 꽁무니를 쫓아다니는 왕세자의 결점 정도는 쉽게 눈감아 주었다.

빅토리아 여왕은 에드워드의 결혼식까지 망쳤다. 여왕은 여전히 남편의 죽음을 애도하는 중이라서 윈저 성 세인트 조지 교회에서 열린 결혼식에 참석하지 않았다. 대신에 상복을 입고 발코니가 딸린 방에 앉아서 결혼식을 지켜보는 것으로 결혼식 분위기를 칙칙하게 만들었다.

여왕은 에드워드 왕세자가 훗날 영국의 왕이 되는 것도 그다지 기뻐하지 않았다.

오! 내가 죽으면 이 나라가 어떻게 될까? 에드워드가 왕이 되면 나라꼴이 말이 아닐 텐데…….

여왕의 염문설

물론 빅토리아 여왕은 자신이 염문설의 주인공이 되리라고는 꿈에도 생각하지 못했다. 그러나 앨버트 공이 죽고 4년 뒤, 여왕에게 남자가 생겼다는 소문이 들리기 시작했다. 더 충격적인 것은 상대 남자가 여왕의 하인이라는 사실이었다.

염문설의 주인공인 존 브라운은 솔직하고 위스키를 좋아하는 거친 스코틀랜드 인이었다.

브라운은 발모럴 성에서 앨버트가 가장 아끼던 하인이었다. 그래서 빅토리아 여왕은 브라운을 가까이 했다. 얼마 지나지 않아 여왕은 브라운을 각별히 총애하게 되었다. 여왕의 총애는 많은 사람들의 비웃음을 샀다. 브라운이 앨버트 공의 영혼을 불러들여 여왕의 총애를 샀다는 소문도 떠돌았다. 그리고 빅토리아 여왕이 브라운과 몰래 결혼했다는 소문도 들렸다. 그래서 사람들은 여왕을 비웃으며 '브라운 부인'이라고 부르기 시작했다.

당시에 영국 신문들은 궁정 소식지를 발간해서 왕실 소식을 전했는데, 〈펀치〉라는 잡지사는 브라운을 왕족으로 취급하는 가상의 궁정 소식지를 발행하기도 했다.

> **궁정 소식지**
>
> 1866년 7월 7일 화요일, 발모럴 성
>   오늘 존 브라운 씨가 윈저 성의 비탈길을 산책했다. 저녁에는 하기스*로 식사를 하고 백파이프 연주를 들었다.
>   존 브라운 씨는 일찍 잠자리에 들었다.

빅토리아 여왕은 장난기 가득한 이 기사를 보지 못했다. 여왕은 대중 앞에 나서는 법이 없었기 때문에 소문에는 캄캄했다. 여왕에게는 모든 사람들이 신하였고, 친구는 단 한 명도 없었다. 게다가 빅토리아는 가족들과도 가깝게 지내지 않았다. 그래서 친구가 필요했고 솔직하고 직설적인 브라운을 친구로 삼았다. 여왕은 가끔 어린애 대하듯 자신을 야단치는 브라운을 매우 좋아했다.

무례한 하인 브라운

빅토리아 여왕과 무례한 스코틀랜드 인 하인 브라운에 대한 일화를 들어보자.

- 브라운은 빅토리아 여왕을 '전하'라고 부르지 않고, '이 여자야'라고 불렀다.
- 지나가던 한 관광객은 브라운이 여왕에게 소리치는 것을 들었다. 브라운은 여왕의 망토를 고정시키려다가 여왕이 움직이는 바람에 핀으로 여왕의 턱을 찌르자 이렇게 투덜댔다. "가만히 있어야지, 이 여자야! 머리도 제대로 못 들고 있어?"
- 브라운은 위스키를 좋아해서 여왕의 차에 위스키를 조금

*하기스: 양의 내장으로 만든 순대 비슷한 스코틀랜드 음식.

씩 넣었다. 그리고 일하는 중에도 틈틈이 술을 마셔 곤드레만드레가 되었다. 빅토리아 여왕은 그의 습관을 눈감아 주었다.

빅토리아의 비밀 일기

오늘 아침 마차 안에서 30분 동안이나 브라운을 기다렸다. 마차를 몰기로 한 브라운이 시간에 맞추어 나오지 않았기 때문이다. 나는 무슨 일이 생긴 줄 알고 잔뜩 겁을 먹고 브라운 방으로 하인을 보냈다. 드디어 브라운이 나타났다. 가여운 브라운은 다른 사람들의 부축을 받으면서 정문까지 걸어왔다. 그는 금방이라도 쓰러질 듯이 비틀거렸고 입에서는 고약한 냄새를 풍겼다! 아무래도 일이 너무 많아서 기진맥진한 모양이다. 얼마나 충직한 하인인지!
초대받은 집에 도착하자 브라운은 내가 마차에서 내리는 것을 도와주려고 했다. 하지만 한발 뒤로 물러서더니 비틀거리다가 앞으로 쾅당 넘어졌다.
집주인이 뛰어나오며 "일어날 수 있겠어요?"라고 물었다.
나는 "아무래도 지진이 일어난 것 같군!"이라고 변명했다.

빅토리아 여왕의 자녀들은 브라운을 징글징글하게 싫어했다. 한번은 여왕의 큰딸인 빅토리아 공주가 딸 샬럿 공주를 데리고 친정 나들이를 했다. 여왕은 브라운에게 인사하라고 손녀에게 일렀다.

에드워드 왕세자는 브라운을 더 싫어했다. 그는 여왕이 죽자 윈저 성을 돌아다니며 존 브라운 흉상을 눈에 띄는 대로 모조리 박살내며 기뻐했다.

'내가 얼마나 잘 웃는 여왕인데!'
-빅토리아 여왕의 즐거운 시간-

여왕을 찾아오는 손님들은 브라운의 직설적인 말 때문에 큰 상처를 입었다.

헨리 가드너 장군은 브라운과 예의 바르게 악수하고 이렇게 물었다. "전하는 잘 계시는가? 무슨 말씀은 없으셨나?"

브라운이 대답했다. "전하가 그러시더군요. '그놈의 가드너 장군이 왔으니 또 이것저것 간섭하고 다니겠군.'"

그런 브라운이 여왕의 목숨을 구했다. 어느 날 버킹엄 궁전의 정문에서 암살범이 여왕의 마차를 쏘았다. 브라운은 암살범의 목을 단단히 붙잡아서, 경찰이 올 때까지 암살범을 깔고 앉았다. 그리고 공로를 인정받아 '빅토리아의 충직한 하인상'을 받는 영예를 누렸다.

브라운은 왕실에서 18년 동안 일하다가 1883년에 세상을 떠났다. 그는 죽기 직전까지 하루도 쉬지 않고 여왕을 모셨다.

브라운이 죽고 나서 20여 년이 지난 어느 날, 검은색 큰 트렁크 안에서 브라운에 대해 쓴 여왕의 편지들이 발견되었다. 어찌된 영문인지 편지들은 불에 타 잿더미가 되어 있었다. 혹시 왕실의 망신거리가 될 비밀이 담긴 편지는 아니었을까?

　브라운은 담배를 비롯하여 빅토리아 여왕이 싫어하는 것을 잘 알고 있어 여왕의 총애를 받았다. 시가*를 즐겨 피웠던 에드워드 왕세자는 윈저 성에 친구들을 위한 비밀 흡연실을 만들었다. 눈치를 챈 여왕이 화가 머리끝까지 났다는 소식을 들은 에드워드는 똑똑한 수를 써서 흡연실을 들키지 않았다.

　빅토리아 여왕이 싫어한 것은 흡연뿐만이 아니었다. 여왕이 싫어한 것은 그밖에도 수없이 많았다.

빅토리아 여왕이 가장 질색했던 열 가지
1. 노동자를 교육시키는 것
　"배운 노동자들은 충직한 하인이나 일꾼이 될 수 없어."

*시가: 말린 담뱃잎을 통째로 돌돌 말아 만든 담배.

2. 주교들

"난 주교들이 싫어."

3. 오후에 마차를 타고 외출할 때 아는 사람과 마주치는 것.

4. 저녁 식사가 끝나고 여자들이 자리를 뜬 뒤에도 남아 있는 남자들.

"그런 관습은 옳지 않아." 여왕은 멜번 경에게만 특별히 5분까지 남아 있도록 허락해 주었다.

5. 1880년대의 머리 모양

"곱슬곱슬한 앞머리는 정말 꼴불견이야."

6. 자동차

"자동차는 고약한 냄새가 나고 덜컹거리는 데다가 불쾌한 교통수단이지."

7. 여성의 투표권

빅토리아 여왕은 여성 투표권을 요구하는 운동가에 대해 "몽둥이 찜질을 당해야 정신을 차리지."라는 말을 남겼다.

8. 상속세

빅토리아 여왕은 '불쌍한 과부' 들이 상속세 때문에 고생이 많다고 걱정했다.

9. 목소리가 큰 사람

10. 해수욕할 때 머리가 젖는 것

그렇지만 빅토리아 여왕도 완벽하지는 않았다. 여왕은 고집이 세고 용서할 줄을 모르는 성격이었다. 게다가 엄마가 독일인이었기 때문에 여왕은 완벽한 영어를 구사하지 못했다. '충격(shocking)'이라는 단어를 '충격(schocking)'으로, '당황(bewildering)'이라는 단어를 '당항(bewhildering)'으로 쓰는 등 철자를 잘못 쓰기도 했다. 심지어 말을 버벅거리는 일도 많았다.

빅토리아 여왕은 스코틀랜드 별장에서 지내면서 스코틀랜드인 하인들의 말투를 따라했다. 한번은 근처 주민에게 돈을 주어야 한다면서 하인에게 돈이 얼마쯤 있냐고 물었다. 하인은 이렇게 대답했다.
"12실링쯤 있습니다."
"그걸로는 택도 없다. 내는 늘 5파운드를 줬다 아이가."

빅토리아 여왕은 오랜 세월 동안 앨버트 공의 죽음을 슬퍼하면서 울적하게 지냈다. 그래서 우울한 여왕으로 불리게 되었다.
그러나 나쁜 일만 일어났던 것은 아니다. 빅토리아 여왕이 집에 틀어박혀서 슬퍼하는 사이 영국은 세계 최강대국으로서의 위치를 굳혀갔다. 이제부터 대영 제국이 누린 영광을 살펴보자.

대영 제국의 영광

100여 년 전 영국은 전 세계에서 유래가 없을 만큼 거대한 제국을 다스렸다. 대영 제국의 규모가 최대에 달했을 때, 영국은 전 세계 땅의 4분의 1을 지배했다. 캐나다에서 오스트레일리아, 인도에서 남아프리카에 이르는 광활한 땅이 대영 제국의 통치를 받았다. 빅토리아 여왕은 이렇게 거대한 대영 제국의 수장이었다.

당시 영국에는 이런 유행어가 있었다. 대영 제국은 영국과 인도, 오스트레일리아 등 수많은 국가로 이루어졌기 때문에 그 중 어느 곳에는 늘 태양이 떠 있다는 뜻이었다. 그리고 이 유행어에는 위대한 대영 제국의 영광이 끝나지 않을 것이라는 영국인의 굳은 믿음이 담겨 있었다. 하지만 그 믿음은 잘못된 것이었다. 하지만 대영 제국의 영광은 빅토리아 여왕이 살아 있는 동안에는 무너지지 않는다.

당시 영국에서 나오는 지도에는 대영 제국의 땅이 태양빛으로 발그레 상기된 것 같은 분홍색으로 칠해져 있었다. 여러분이 빅토리아 시대에 학교를 다녔다면, 아마 이렇게 생긴 지도를 뚫어지게 쳐다보면서 공부했을 것이다.

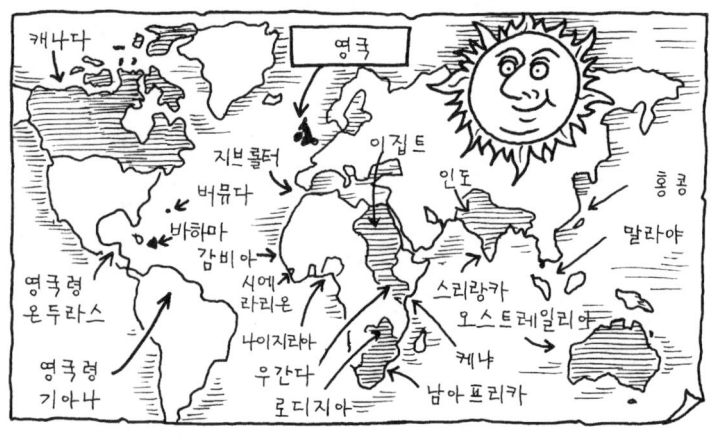

대영 제국은 어떻게 그렇게 커졌을까? 그 첫 삽을 뜬 것은 '훌륭한 베스 여왕'이라고 불렸던 엘리자베스 1세였다. 영국은 엘리자베스 1세가 통치하던 시대부터 새로운 식민지를 건설하기 시작했다. 그 뒤부터 대영 제국은 서서히 성장해 나갔다. 영국은 세계를 정복하려고 식민지 확장에 나선 것이 아니었다. 영국이 원한 것은 바로 무역과 재물이었다. 인도 등에 식민지를 건설하고, 식민지와의 무역으로 부를 쌓았다.

19세기에 탐욕스러운 유럽 강대국들은 세계를 거대한 케이크처럼 잘라 나누기 시작했다. 1884년 유럽 강대국들은 아프리카 사람들의 의견 따위는 묻지도 않고 마음대로 아프리카를 나눠 가졌다. 영국은 유럽에서 가장 큰 해군을 거느리고 바다 무역로를 장악했기 때문에, 가장 큰 케이크 조각을 차지했다. 팔머스턴과 디즈레일리 등 식민지 건설을 찬성한 정치가들은 제국주의자라는 별칭으로 불렸다. 그들은 접시에 케이크를 쌓듯이 식민지를 수집하여 빅토리아 여왕에게 바치고 대영 제국을 확장했다. 제국주의자들의 태도는 음악극의 노래 가사를 따서 '징고이즘(맹목적 애국주의)' 이라고 불렸다.

하지만 영국의 식민지가 되고 싶지 않아 저항하는 나라들도 있었다. 그래서 보어 전쟁이나 세포이 반란 등 갈등이 일어나

게 되었다. 하지만 그 이야기는 나중에 하기로 하자. 지금은 수년간 국민들과 숨바꼭질을 하던 빅토리아 여왕이 어떻게 되었는지 알아보는 게 급하니까 말이다.

화려한 복귀

1871년, 앨버트 공이 죽고 10년이 흘렀다. 빅토리아 여왕의 인기는 땅에 떨어졌다. 런던에서 열린 모든 저녁 식사 연회가 '브라운 부인'에 대한 속닥거림으로 들썩거릴 지경이었다. 심지어 의회에서는 왕실을 없애고 공화정을 수립해야 한다고 공개적으로 떠드는 의원들까지 등장했다. 왕이나 여왕을 없앤다고? 왕족들은 생각만 해도 오싹해졌다. 오랫동안 어떤 말에도 꿈쩍하지 않던 빅토리아 여왕도 정신이 번쩍 들었다.

그 이듬해, 여왕은 화려하게 재기했다. 우선 에드워드 왕세자가 병에 걸리면서 온 국민이 큰 충격에 빠졌다. 왕세자의 병세가 어찌나 심각했던지, 한동안은 왕세자가 아버지를 따라 세상을 떠날 것처럼 보였다. 그러나 왕세자는 기적적으로 건강을 되찾았고, 여왕은 세인트 폴 성당에서 감사 예배를 드렸다. 여왕이 나랏일을 다시 돌보기 시작하자 국민들은 환호했다. 이제 암살 시도만 벌어지면 여왕의 인기는 완벽하게 회복될 판국이었다. 이틀 뒤, 마치 기다렸다는 듯이 미치광이 한 명이 권총을 휘두르며 여왕에게 달려들다가 건장한 존 브라운에게 납작하게 얻어맞았다. 그가 휘두른 권총에 총알이 장전되지 않았다는 사실은 아무도 신경 쓰지 않았다.

여왕이 나랏일을 다시 돌보기 시작한 데는 여왕의 총애를 받은 디즈레일리 총리의 공이 컸다. 1876년 여왕은 의회를 다시 소집하는 것에 동의하면서, 그 대신 한 가지 작은 부탁을 했다. 정말 작은(?) 부탁일까? 당시 인도는 오랫동안 대영 제국의 지배를 받고 있었다.

빅토리아는 인도의 여황제가 되고 싶었다. 디즈레일리 총리는 여왕의 작은 부탁을 들어 주었고, 그 대가로 비콘스필드 백작이 되었다. 여왕의 총애를 듬뿍 받았던 아첨쟁이 디즈레일리에게는 인생 최고의 순간이었다. 빅토리아 여왕에게 인도의 여황제 자리는 매우 소중했다. 빅토리아 여왕은 너무 덥다는 이유로 인도에 단 한 번도 가지 않았지만, 평생 인도에 깊이 심취했기 때문이다. 그리고 인도 국민들은 얼굴 한 번도 보지 못한 빅토리아 여왕을 지극히 존경했다. 빅토리아 여왕이 세상을 떠났을 때 대부분의 캘커타 시민들이 공원에 앉아 하루 종일 굶으면서 한 번도 만나지 못한 위대한 여황제의 죽음을 애도했다.

변장한 여왕

빅토리아 여왕은 인도에는 가지 않았지만, 세계 곳곳을 여행했다. 여왕은 가끔 변장을 하고 여행을 다녔다. 기왕이면 팔자수염을 붙이고 경찰 행세를 했다면 더 흥미로웠겠지만, 사실은 사람들의 눈에 띄지 않는 옷을 입고 변장했다. 여왕은 이런 차림이었다.

여왕에게 감쪽같은 변장이란 다른 사람과 똑같이 차려입는 것이었다.

빅토리아 여왕은 "난 옷 때문에 고민하는 게 싫어."라고 말한 적도 있었다. 그리고 꼭 필요한 경우가 아니면 화려하게 차려입지 않았다. 나랏일을 하지 않을 때는 시녀나 하녀들과 구별이 되지 않을 정도로 소박한 옷을 입었다. 그래서 가끔은 황당한 실수가 벌어졌다. 어느 날 도슨 데이머라는 술 취한 신사가 여왕에게 말을 걸었다.

여왕은 외국에 나갈 때 켄트 백작 부인 행세를 했다. 설마 여러분은 여왕이 평민으로 변장하리라고 생각한 건 아니겠지? 그리고 여왕과 함께 여행했던 루이즈 공주는 호텔 숙박부에 루이즈 켄트 양이라고 서명했다.

빅토리아 여왕은 '보통 사람'으로 변장하고 파리에서 쇼핑하는 것을 좋아했다. 여왕은 말년에 해마다 유럽으로 여행을 갔고, 특히 따뜻한 프랑스 남부 지역 니스를 자주 찾았다. 빅토리아 여왕은 니스에 가면 이렇게 말하곤 했다.

"시골에 가면 시골 사람들의 생활을 직접 봐야지."

그래서 일행을 이끌고 수도원이나 비누 공장을 찾아 하루 종일 시골길을 돌아다녔다.

빅토리아는 다른 왕족들과 여행을 가기도 했다. 러시아 황제는 뒷날 빅토리아 여왕에 대해 이렇게 평가했다.

"빅토리아 여왕은 아주 상냥하고 쾌활하고 명랑해서 좋았지만, 가끔 양산으로 내 눈을 찔러서 같이 다니는 내내 짜증이 좀 났지."

'내가 얼마나 잘 웃는 여왕인데!'
-빅토리아 여왕의 즐거운 시간-

빅토리아 여왕은 멀리 떨어진 영토는 방문하지 않았다. 인도와 아프리카는 너무 더웠고, 비행기가 발명되기 전이라서 쉽게 갈 수도 없었다.

하지만 여왕은 대영 제국의 국민이 궁정으로 찾아오는 것은 늘 환영이었다. 사람들은 흔히 빅토리아 여왕이 딱딱하고 격식을 차린다고 생각하지만, 빅토리아 여왕은 영국령 국가에서 오는 방문객들이 평상복을 입고 오는 것을 좋아했다. 그런데 영국령 기니아 사람들이 정말로 평상복을 입고 와서 사람들을 기함시키고 말았다. 기니아 사람들에게는 홀딱 벗는 것이 평상복이었기 때문이다! 하지만 손바닥만한 가리개를 입도록 설득한 결과 겨우 여왕의 체면을 세울 수 있었다. 하지만 여왕은 유명한 아프리카 추장 케츠와요가 '볼썽사나운 검은색 긴 코트 차림'으로 나타난 것을 보고 크게 실망했다.

빅토리아 여왕은 케츠와요 추장보다는 윈저 궁으로 찾아온 서아프리카 추장을 훨씬 좋아했다. 접견 시간이 끝나갈 무렵, 빅토리아 여왕은 추장에게 기념품으로 무엇을 원하느냐고 물었다. 추장은 여왕의 과부 모자를 가리키면서 이렇게 말했다. "전하, 전하가 쓰고 계시는 모자를 가지고 싶습니다. 그리고 제가 그 모자를 쓸 수 있는 유일한 추장이 되었으면 좋겠습니다."

빅토리아 여왕은 추장의 부탁을 듣고 매우 재미있어했다. 그리고 여분의 모자 하나를 추장에게 하사하라고 명령했다. 추장은 뒷날 자신의 사진 한 장을 여왕에게 보냈다.

끔찍한 전쟁

빅토리아 여왕은 대영 제국에 깊은 관심을 기울였고, 대영 제국의 식민지를 둘러싸고 벌어지는 전쟁을 유심히 지켜보았다. 여왕은 전쟁이 일어나는 것을 늘 걱정했다. 새로운 총과 폭발물이 발명되면서 전쟁터는 더욱 위험한 곳이 되었다. 수많은 영국 병사들이 전쟁터에서 죽거나 부상을 당했다. 여왕은 병원으로 찾아가 부상병들에게 훈장을 주는 것을 좋아했기 때문에 전쟁의 위험성을 잘 알고 있었다. 어느 해 크리스마스에는 병사들에게 많은 초콜릿을 보내기도 했다. 대영 제국의 숨겨진 이야기가 궁금하면 아래 글을 읽어보도록!

대영 제국의 숨겨진 이야기

세포이 반란, 1857년

희한한 사실: 세포이 반란은 소의 지방이 발단이 되어 일어났다.

영국의 동인도 회사는 1800년대 초부터 인도의 대부분 지역을 지배하기 시작했다. 동인도 회사는 인도나 인도인을 지배하는 것이 아니라, 인도와 무역을 하는 것에 관심이 많았다. 그러나 1857년 인도의 일부 지역에서 세포이 반란이 일어나면서 상황이 완전히 달라졌다. 세포이 반란의 한 가지 발단은 인도인 병사들에게 탄약통을 지급한 것이었다. 인도에 주재하는 영국군의 장교들은 영국인이었지만, 병사들은 인도인이었다. 병사들은 탄약통의 끝을 입으로 물어뜯어서 안에 들어 있는 화약을 총신*에 넣어야 했다. 그런데 탄약통에 동물의 비계를 발랐다는 소문이 퍼지면서 문제가 시작되었다. 더구나 그 동물의 비계가 소의 지방과 돼지의 비계라는 이야기가 은밀히 나돌면서 문제는 더욱 커졌다. 소가 신성한 동물이라고 믿는 힌두교도들에게 이 사실은 보통 문제가 아니었다. 그리고 돼지가 '불결한' 동물이라고 믿는 회교도들도 노발대발했다.

얼마 지나지 않아서 인도 전역에서 반란이 일어났다. 델리와 카운포르에서 수많은 영국인들이 잔인하게 학살당했다. 빅토리아 여왕은 소름이 끼쳤다.

그래서 영국이 어떻게 했느냐고? 영국은 미국에서 만든 신형 콜트식 권총으로 무장한 병사들 7만 명을 인도로 보내서 반란

*총신: 탄환이 발사될 때 통과하는 총의 금속관 부분.

군을 인정사정없이 고문하고 죽였다. 어떤 사람들은 대포에 묶어 날려 버리기도 했다. 하지만 빅토리아 여왕은 영국군의 '잔인함'에 대해서는 입도 뻥긋하지 않았다.

세포이 반란으로 동인도 회사의 인도 지배는 막을 내렸다. 소의 지방으로 탄약통에 기름을 먹여 반란의 원인을 제공한 회사에 인도를 맡길 수는 없으니까. 그 뒤부터는 영국 군주가 직접 인도를 지배하게 되었다.

크림 전쟁, 1853~1856년

희한한 사실: 사람들은 크림 전쟁 이후부터 전방 소식과 전쟁 사진을 집안에 앉아 편안히 읽고 볼 수 있게 되었다.

크림 전쟁은 플로렌스 나이팅게일과 적진을 향해 돌격한 경기병* 여단으로 유명하다. 경기병 여단의 돌격은 테니슨 경의 영웅시 덕분에 유명해졌다.

*경기병: 민첩하게 활동할 수 있도록 가볍게 무장한 기병.

물론 테니슨이 쓴 시는 이보다 훨씬 길지만, 이 정도면 시의 내용을 짐작할 수 있을 것이다. 사실 경기병 여단의 돌격은 영국 육군 역사상 최악의 실수였지만, 동시에 매우 영웅적인 행동이었다. 그러니 전투에서 억울하게 죽은 병사들을 빼고는 아무도 이 실수를 탓하지 않았다.

크림 반도는 대영 제국이 아닌 오스만 제국(지금의 터키)의 영토였다. 그리고 크림 전쟁은 애초에 오스만 제국과 러시아가 벌인 싸움이었다. 그런데 러시아의 세력이 커지는 것을 두려워한 영국이 군대를 보낸 것이었다.

크림 전쟁은 위대한 대영 제국에 큰 타격을 주었다. 영국군 장군들은 실수투성이에 싸움질만 했고, 병사들은 병으로 죽어 나갔으며, 군대는 보급품이 부족해 쩔쩔맸다. 어떤 병사들은 온몸이 얼어붙을 듯한 추운 날씨에 왼쪽 군화 두 짝을 들고 애를 먹기도 했다.

그러던 와중에 경비병 여단이 큰 실수를 저질렀다. 경기병 여단은 카디건 백작의 지휘 아래 러시아 포병 부대를 공격하며 긴 계곡으로 돌격했다. 충분히 성공할 가능성이 있는 좋은 전략이었지만, 엉뚱한 부대를 향해 엉뚱한 방향으로 돌진한 것이 문제였다. 아마도 러시아 군대의 측면을 공격했다면 성공했을 것이다. 그러나 영국군 기병 600명은 러시아 군의 주력 부대인 중포병 부대를 향해 맹렬한 기세로 계곡으로 돌진했다. 장난감 총으로 성난 곰을 공격하는 꼴이었다. 러시아 군대의 대포까지 돌격한 병사들은 사방에서 총격을 받으며 되돌아갈 수밖에 없었다. 경비병 여단은 이 무모한 돌격 작전으로 거의 절반이나 되는 병사들을 잃었다. 프랑스 군의 보스케 장군은 이 전투를 두고 "이것은 전쟁이 아니라 미친 짓이다."라는 유명한 말을 남겼다.

빅토리아 시대의 가치관

여성의 지위

빅토리아 시대에 여자들은 군대에 입대할 수 없었다. 여자들이 할 일이라고는 여자답게 집안에 얌전히 앉아 있는 것밖에 없었다.

그러나 시대가 변하면서 남자들에게 의지하지 않고 직접 나서려는 여자들이 생겼다. 플로렌스 나이팅게일도 그중 하나였다. 나이팅게일은 크림 전쟁에서 병원이나 의사가 부족해서 병사들이 죽어간다는 이야기를 듣고, 간호사 38명과 등불을 챙겨서 전쟁터로 향했다. 나이팅게일이 등장하기 전만 해도, 날마다 피를 보고 다리를 잘라야 하는 간호사는 양갓집 규수들에게 어울리는 직업이 아니었다. 게다가 장군들은 여자들이 군대 일에 끼어드는 것을 싫어했다. 남자들끼리만 지내도 말썽이 많이 일어나는데, 여자들까지 끼어들면 더 복잡해질 테니까. 하지만 부상병들은 나이팅게일을 천사처럼 우러러보면서 '등불을 든 천사'라고 불렀다.

나이팅게일은 전쟁터에 등불만 들고 간 것이 아니었다. 동물을 지극히 사랑해서 주머니에 부엉이를 종종 넣고 다녔다. 영국에 있을 때는 무려 60마리나 되는 고양이를 키웠고, 그중 두 마리에게는 글래드스턴과 디즈레일리라는 이름을 붙여 주었다. 빅토리아 여왕조차도 나이팅게일에게 반해서 궁전으

로 초대했다.

나이팅게일은 영국으로 돌아와 병원을 개선하고 간호사를 양가집 규수들에게 적합한 직업으로 만들기 위해 노력했다.

하지만 여자가 환자들을 돌보는 것과 정치에 끼어드는 건 전혀 다른 문제였다. 빅토리아 여왕은 여성 투표권 운동에는 콧방귀도 뀌지 않았다.

정치는 여자가 아닌 남자들만의 일이야. 그러니까 교양 있는 여자라면 정치를 싫어하는 게 당연해.

그러면서도 여왕이 총리들에게 이래라저래라 명령한 걸 보면 참 웃기는 일이다.

보어 전쟁, 1899~1902년

희한한 사실: 빅토리아 여왕은 보어 전쟁 중에 카키색 모직 스카프를 뜨고 자신의 머릿글자 VRI를 새겨서 병사들에게 하사했다.

네덜란드 계 남아프리카 인 농부들인 보어 인은 대영 제국이 남아프리카를 지배하는 것에 크게 분개했다. 첫째 이유는 남아프리카는 자신들의 땅이라는 것이었고, 둘째 이유는 얼마 전 남아프리카에서 황금과 다이아몬드가 발견되었기 때문이었다. 영국에서는 건방진 보어인들을 따끔하게 혼내 주려고 대규모 군대를 보냈지만, 보어 인들은 게릴라 전술을 쓰며 반격했다.

　게릴라 전술이란 이렇게 치고 빠지는 싸움 기법이다. 보어인의 오합지졸 군대는 오랫동안 이 전술로 강력한 영국군을 바보로 만들었다. 영국군 불러 장군은 어찌나 자주 후퇴했던지 후퇴 대장이라는 별명까지 붙었다.

　보어 전쟁 중에 일어난 가장 기이한 사건은 불러 장군 연대의 나팔수에 관한 이야기다. 이 나팔수는 열네 살 난 소년 아서던이었다. 영국군이 전투에서 지는 와중에, 어린 아서는 겁을 먹은 나머지 후퇴가 아닌 전진을 알리는 나팔을 불었다. 중대는 나팔 소리에 따라 강으로 돌격했고, 많은 병사들이 물에 빠지거나 총에 맞아 죽었다. 이렇게 중대한 실수를 저지른 나팔수는 그 뒤 어떻게 되었을까?

　그는 다음 중 어떤 운명을 맞이했을까?
a) 감옥에 갔다.
b) 군사 재판을 받았다.
c) 영웅 대접을 받았다.

정답 : c) 아서는 전쟁에서 살아남아 전쟁 영웅 대접을 받았다. 영국은 영웅이 반드시 필요했기 때문이다. 아서는 빅토리아 여왕을 만나서 은으로 만든 새 나팔을 하사받았다. 다행히 여왕은 아서에게 나팔을 연주하라는 명령을 내리지는 않았다.

초콜릿 덕분에 목숨을 구한 병사들

빅토리아 여왕은 보어 전쟁에 지대한 관심을 기울였다. 1899년에는 보어 전쟁에 참전한 영국군 병사들에게 크리스마스 선물로 초콜릿을 보내기로 마음먹었다. 모든 병사들은 얼마 뒤 여왕이 보낸 초콜릿을 받았다. 양철로 만든 초콜릿 상자 뚜껑에는 빅토리아 여왕의 얼굴이 새겨져 있었다. 여왕은 아프리카로 거의 10만 개의 초콜릿을 보냈는데, 어떤 병사들은 여왕에게 초콜릿을 받은 것이 너무 자랑스러워서 초콜릿 통을 열지 않고 고이 모셔 두었다가 집에 가져갔다. 또 어떤 병사들은 여왕의 초콜릿 덕분에 목숨을 구했다고 주장했다. 제임스 험프리스 이등병도 그중 하나였다. 그는 초콜릿 통을 배낭에 보관했다. 어느 억세게 운 좋은 날, 험프리스 이등병은 전투 중 총에 맞았다. 하지만 다행히 총탄이 초콜릿 통을 뚫고 초콜릿에 박히는 바람에 목숨을 구했다. 험프리스 이등병을 치료한 의사는 그 초콜릿 통을 빅토리아 여왕에게 보냈다. 여왕은 편지를 보내 "험프리스 이등병에게 초콜릿을 하나 더 보내겠다."고 했다.

결국 영국군은 순전히 수적인 우세 덕분에 보어 인들을 물리쳤다. 빅토리아 여왕은 전세가 영국군에게 불리하게 돌아간다는 소식을 듣고도 이렇게 태연히 말했다.

그리고 보어 전쟁이 끝나면서 보이 스카우트 운동이 일어났다. 보이 스카우트 운동을 처음 시작했던 무모하고 용감한 베이든 파월에 대해 살펴보자.

최초의 보이 스카우트

여러분은 나뭇가지 두 개를 비벼 불을 피우는 방법을 가르친 베이든 파월이 유명한 스파이이자 전쟁 영웅이었다는 사실을 미처 몰랐겠지?

베이든 파월은 보이 스카우트 운동을 시작하기 전, 보어 전쟁에 참전해 마페킹 마을을 수호하여 전쟁 영웅이 되었다. 그는 집에서 만든 탄약과 하수관으로 만든 총으로 217일 동안을 버티며 마을을 지켰다. 마침내 적군이 마페킹에서 물러났다.

파월은 늘 기발한 방법을 고안했다. 남아프리카 인들은 그에게 누워서 총을 쏘는 사람을 뜻하는 '믈라판지'라는 별명을

지어 주었다. 파월이 누워서 다리 사이로 하마를 쏘았기 때문이다(절대로 따라하지 말 것!). 파월의 동료 장교들은 그가 완전히 돌았다고 생각했다. 파월은 마페킹을 지키는 와중에도 우표를 발행했다. 전투 중에 우표를 발행하다니 이상하게 들리겠지만, 어쨌든 그는 우표에 빅토리아 여왕의 얼굴이 아닌 자신의 얼굴을 그려 넣었다. 파월은 병사들을 재미있게 해 주려고 그랬다지만, 이 이야기를 들은 빅토리아 여왕은 조금도 재미있어 하지 않았다.

  파월은 우표를 만들지 않을 때는 변장을 하고 대담한 모험 여행을 떠나고는 했다. 한번은 적군 요새의 대포 규모를 알아보는 임무를 맡았다. 그는 어둠이 내린 뒤 적군 요새로 은밀히 접근하는 대신 미치광이 나비 수집가로 변장했다. 파월은 대담하게도 나비채와 공책으로 무장한 채 요새를 향해 걸어갔다. 파월의 공책에 그려진 그림은 평범한 나비 그림처럼 보였지만, 사실은 기밀 정보가 교묘히 담겨 있었다.

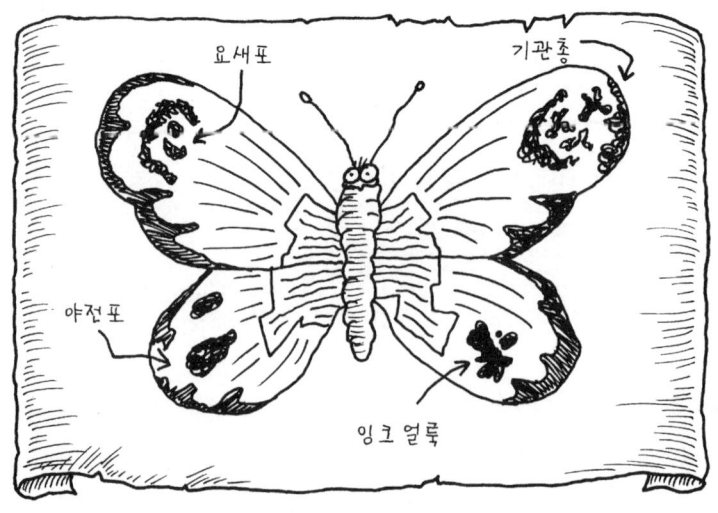

파월은 훗날 《나는 스파이였다》라는 흥미진진한 책을 썼다. 그리고 병사들을 위해 《스카우트 활동에 도움이 되는 기술들》이라는 안내서를 쓰면서 보이 스카우트 운동을 구상했다. 전쟁 영웅 파월이 나선 덕분에 보이 스카우트는 금세 인기를 모았다. 그리고 초기 보이 스카우트 단원들은 이렇게 생긴 단복을 입었다.

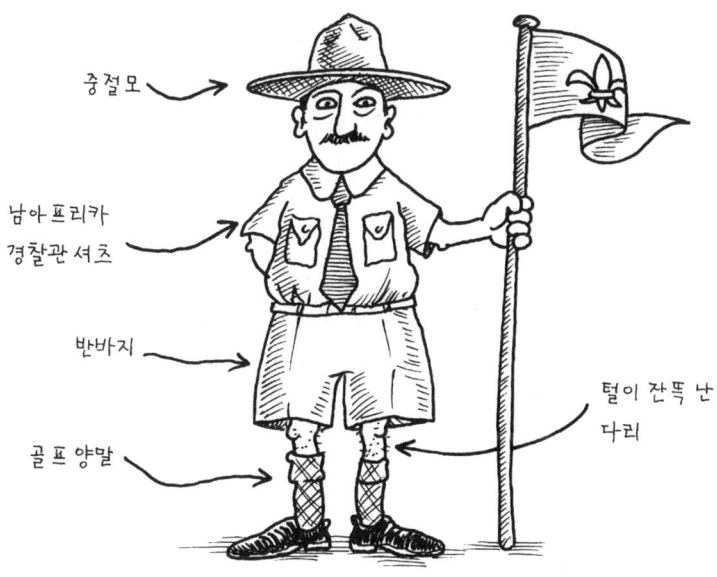

제2차 세계 대전 중에 독일 나치들은 보이 스카우트가 영국 정보국 스파이라고 굳게 믿었다.

영국군이 보어 인이나 러시아 인과 싸움을 벌일 때마다 빅토리아 여왕은 영국의 투혼을 보여 주었다. 여왕은 나이도 아랑곳하지 않고 장군들에게 격려의 전보를 보내고, 병원으로 찾아가 부상병들을 만났다.

빅토리아 여왕은 영국 군주로서는 처음으로 병사들에게 직접 훈장을 수여했다. 과거 왕들은 천한 병사들의 손을 잡지 않았다. 하지만 빅토리아 여왕은 아무렇지도 않게 병사들의 손을 잡았다. 심지어 뛰어난 용맹성을 과시한 병사들에게 주기 위해 빅토리아 십자훈장까지 제정했다.

'내가 얼마나 잘 웃는 여왕인데!'
-빅토리아 여왕의 즐거운 시간-

빅토리아 여왕이 처음으로 병사들에게 훈장을 수여한 뒤, 노튼 부인은 이 특별한 사건에 대해 팬뮤어 경과 이야기를 나누었다.
"전하의 맘이 병사들에게 닿았을까요?"
노튼 부인이 물었다.
"그럴 리가 있나요! 전하 앞에는 황동 난간이 가로막혀 있는데 전하 몸이 어떻게 병사들에게 닿아요?"
팬뮤어 경이 대답했다.
"그게 아니라 병사들의 맘이 움직였을까요?"
노튼 부인이 다시 한 번 물었다.
"움직여요? 병사들이 몸을 움직일 일이 뭐가 있어요?"
팬뮤어 경이 대답했다.
마침내 노튼 부인도 대화를 포기했다.

언젠가 대영 제국에도 태양은 지고 대영 제국이 누리던 영광도 막을 내리게 된다. 제1차 세계 대전이 끝난 뒤 영국의 식민지들은 독립하기 시작했고, 영국은 자금과 병력이 부족해 식민지의 독립을 막지 못했다. 대영 제국은 차츰 영연방으로 바뀌었다. 영연방이란 과거 대영 제국에 속했던 식민지들의 연합 조직이었다.

빅토리아 여왕은 그날이 오기 전에 세상을 떴으니 여왕에게는 다행스런 일이었다. 빅토리아는 나이가 들면서 다리가 약해져서 제대로 걷지 못했다. 그래서 어떤 신하는 걸어 다니는 대신에 열기구에 몸을 묶고 떠다니는 편이 낫겠다는 황당한 의견을 내놓았다.

빅토리아 여왕은 약해졌지만, 영국은 여전히 강력한 대영 제국이었다. 빅토리아 시대 사람들은 불굴의 의지를 지녔고, 영국에는 베이든 파월 이외에도 수많은 영웅들이 있었다. 영광의 시대를 살았던 빅토리아 시대 사람들은 소설, 선박 건조, 과학적 발견 등 다양한 분야에서 세계를 이끌었다.

눈부신 빅토리아 시대

빅토리아 여왕은 19세기 초에 즉위하여 20세기가 시작될 때까지 나라를 다스렸다. 19세기는 엄청난 변화와 발명의 세기였다. 여행만 해도 그렇다. 우선 기차와 자전거가 최초로 발명되었다. 그리고 목재로 만든 범선 대신에 철로 만든 증기선이 처음으로 등장했다. 심지어는 최초의 자동차도 빅토리아 여왕 시대에 발명되었다. 하지만 빅토리아 여왕은 자동차가 결코 인기를 끌지 못하리라고 생각했다.

빅토리아 시대의 영국인들은 영국이 진정 위대한 국가라고 여겼다. 또 대영 제국이 전 세계에서 가장 넓은 영토를 지배한 뿐 아니라, 과학, 산업, 예술, 문학에서 세계 최고라고 믿었다. 특히 테니슨, 디킨스, 브루넬, 리빙스턴 등이 영국의 자랑거리였다.

빅토리아 시대에 사람들의 생활은 180도로 달라졌다. 빅토리아 여왕은 재위 초에는 촛불을 켜고 잠들었지만, 재위 말에는 놀라운 발명품인 전깃불 옆에서 책을 읽었고 전화 통화를 할 수 있게 되었다.

빅토리아 시대의 발명품
– 놀라운 발명품과 황당한 발명품

전깃불과 전화 등 빅토리아 시대에 등장한 일부 발명품들은 사람들의 생활을 바꾸어 놓았다. 반면에 최초의 알람 침대(처음에는 벨이 울리다가 그래도 일어나지 않으면 이불을 들어 올리고 매트리스를 기울여 사람을 방바닥에 내동댕이쳤다) 등 몇 가지 발명품들은 사람들의 뇌리에서 완전히 잊혀졌지만, 워낙 황당한 물건이기 때문에 짚고 넘어갈 생각이다. 실용적이고 선풍적인 발명품부터 황당하기 그지없는 발명품에 이르기까지 빅토리아 시대에 발명된 여러 가지 물건을 간략히 살펴보자.

1. 알람 침대

자꾸 늦잠을 잔다고? 아침에 따뜻한 침대에서 일어나기가 어렵다고? 빅토리아 시대의 잠꾸러기들에게는 이 기발한 알람 침대가 있으니 걱정할 필요가 없다. 알람 침대는 잠을 깨워 줄 뿐만 아니라, 침대에서 일어나는 것도 도와주는 똑똑한 발명품이니까!

이렇게 기발한 발명품이 인기가 없었다니 정말 이상한 일이다.

2. 우체통

1840년부터는 보통 사람들도 우편으로 편지를 보낼 수 있게 되었다. 그리고 1852년에는 저지 섬에 최초의 우체통이 설치되었다. 우체통은 빅토리아 시대의 소설가 앤서니 트롤럽이 처음으로 생각해냈다. 얼마 지나지 않아 런던에도 우체통이 설치되었다. 최초의 우체통은 육각형이었다. 여러분도 런던에 가서 빅토리아 시대의 우체통을 찾아보는 것은 어떨까?

3. 친구와 타는 자전거

초기 발명가들은 정말 황당한 자전거들을 발명했다. 그중 어떤 자전거는 친구들과 좀 더 오붓하게 대화를 나누는데 큰 도움이 되었다. 우선 친구 두 사람이 커다란 바퀴 두 개를 사이에 두고 나란히 앉아, 작은 앞바퀴로 자전거의 방향을 조종한다. 이 발명품의 목적은 친구와 이야기하면서 자전거를 타는 것이었다. 하지만 친구와 이야기하며 자전거를 타다가는 끔찍한 사고를 당할 수도 있다. 아마도 이 자전거가 큰 인기를 끌지 못한 것도 그 때문이 아니었을까?

4. 전화

전화는 스코틀랜드 사람인 알렉산더 그레이엄 벨이 발명했다. 1878년 1월 14일, 그는 오스본 하우스로 빅토리아 여왕을 찾아가서 이 놀라운 발명품의 시연회를 열었다. 그렇다면 빅토리아는 전화에 대해 뭐라고 말했을까?

5. 샤워기

최초의 샤워기는 1880년대 중반에 등장했다. 하지만 요즘 샤워기와는 달리, 최초의 샤워기에서는 물이 콸콸 쏟아지지 않았다. 빅토리아 시대에는 텐트를 치듯 긴 커튼을 치고, 위에 구멍을 뚫어 샤워를 했다. 밖에서는 하인들이 줄지어 물통을 들고 기다리고 있다가 사다리에 앉아 있는 하녀에게 건네주었다. 하녀는 물통을 받아 샤워하는 사람의 머리 위로 물을 부었다. 그러니 웬만한 부자가 아니면 샤워는 꿈도 꿀 수 없었다.

6. 말하는 진공관

1850년경, 말하는 진공관이 영국 가정에 등장했다. 하인들은 주로 아래층에 있는 하인 숙소에서 살았기 때문에 주인이 위층에서 아래층으로 소리를 쳐서 하인을 불러야 했다. 주인들은 이 일이 여간 귀찮지 않았다. 그러던 참에 말하는 진공관이 발명되어, 주인들은 진공관을 들고 조용히 하인들을 부를 수 있게 되었다.

7. 화장실과 화장지

앨버트 공과 같은 왕족들도 화장실에서 나는 악취 때문에 고생하기는 매한가지였다. 1852년에 최초의 공중 화장실이 문을 열었다. 하지만 용변을 보는 데 2펜스를 받았기 때문에 항의하는 사람이 많아 이내 문을 닫았다. 게다가 손을 씻으려면 2펜스를 더 내야 했다. 가정집의 화장실은 모양도 가지각색이었고, 나이아가라 폭포, 워털루, 수영장, 똥통이라는 다양한 이름으로 불렸다. 그리고 1880년대에는 월터 제임스 앨콕이 구멍 뚫린 화장지를 발명했다. 하지만 빅토리아 시대 사람들은 지독한 내숭쟁이라서 화장지를 팔기가 여간 어렵지 않았다.

8. 성냥

1820년대 이전에는 부싯돌로 불꽃을 일으켜 난로나 파이프에 불을 붙였기 때문에 불을 켜려면 시간이 아주 많이 걸렸다. 그러던 중 영국인 화학자 존 워커에게 번쩍이는 생각이 떠올랐다. 작은 막대기에 불을 붙이는 거야! 이렇게 해서 최초의 성냥이 탄생했고, 루시퍼스(악마)라는 별명이 붙었다. 그 뒤에는 인이라는 화학 성분으로 만든 성냥과 안전 성냥이 등장했다.

9. 초콜릿

1851년 만국 박람회에서 초콜릿이 등장하여 사람들의 침샘을 자극했다. 1849년에는 프라이스 사가 초콜릿을 틀에 굳혀 만든 판 초콜릿을 세계 최초로 개발했다며 공개했다. 1864년에는 젤리곰 과자가 등장했고, 19세기 말에는 감초맛 나는 혼합 과자가 만들어져 사람들의 입을 즐겁게 했다.

10. 증기 비행기

'빅토리아 시대에는 증기선과 증기 기차가 등장했어. 그러니 증기 비행기를 만드는 것도 가능하지 않을까?' 스코틀랜드 인 발명가 조지 카우프만은 이렇게 생각했다. 카우프만은 위아래로 퍼덕거리는 날개를 만들고 증기 엔진을 동력으로 삼아 비행기를 설계했다. 그는 이 비행기가 시속 80km로 비행할 수 있다고 자랑했다. 카우프만은 1869년에 소형 비행기를 만들어 하늘을 날았는데, 안타깝게도 날개가 너무 심하게 퍼덕이는 바람에 기체가 땅에 떨어져 산산조각이 났다.

'내가 얼마나 잘 웃는 여왕인데!'
-빅토리아 여왕의 즐거운 시간-

빅토리아 시대 사람들은 다양한 오락거리를 즐겼다. 그 시절에는 수많은 오락거리가 있었다. 가난한 사람들은 곡예나 저글링, 유행가에 이르기까지 다양한 공연을 선보이는 극장식 식당에 갔다.

    1844년에는 미국의 유명한 쇼 흥행사 피니어스 T. 바넘이 런던으로 공연을 왔다. 빅토리아 여왕은 국민들과 마찬가지로 저속한 구경거리를 좋아해서, 키가 97cm밖에 되지 않아 '엄지 장군'이라는 별명으로 불린 난쟁이를 만나고 싶어서 안달이었다. 바넘과 엄지 장군은 여왕의 초대를 받아 버킹엄 궁으로 갔다. 엄지 장군은 노래와 춤과 흉내 내기 등 개인기를 선보이고 나서 뒷걸음질로 방을 나서다가 여왕의 푸들 강아지에게 물리고 말았다. 여왕에게 감히 등을 보이는 것은 무례한 행동이었다.

    부자들은 연극, 콘서트, 오페라 가운데서 입맛대로 고를 수 있었다. 특히 빅토리아 여왕은 원하는 공연은 뭐든지 구경할 수 있었다. 여왕은 연극을 보러 번거롭게 극장에 가는 대신 극장을 통째로 옮겨 오기도 했다. 배우들을 포함해 극단 전체가 윈저 성이나 발모럴 성으로 이동할 때도 있었다. 여왕은 비용에 대해서는 전혀 걱정할 필요가 없었다. 여왕은 왕립 오페라단, 웨일스 남성 합창단, 셰익스피어의 연극, 빅토리아 시대 멜로드라마* 등 다양한 공연을 즐겼다.

    빅토리아 여왕은 아마추어 연극을 좋아해서 하인, 보좌관, 아이들까지 데리고 마음대로 연습 공연에 들이닥쳤다. 그리고 공연에서 뭔가 마음에 들지 않으면, 그 부분을 없애거나 바꾸라고 지시했다. 실제로 왕족이 왕실에서 일하는 평민들과 어울리는 장면을 가지고 꼬투리를 잡은 적도 있었다.

> 여왕이 예행연습에 나타나는 바람에 모두가 깜짝 놀랐지. 여왕 전하는 내가 루이즈 공주를 술집 종업원으로 착각해 공주의 턱을 쓰다듬는 장면을 보고 좀 지나치다고 생각하셨지. 그래서 앞으로는 공연에서 공주의 턱을 만지지 말라고 경고하셨어.
>
>   프리츠 폰 손비 – 빅토리아 여왕 보좌관의 아들

* 멜로드라마: 주로 연애를 소재로 한 통속적이고 감상적인 연극.

짐은 하나도 재미없소!

빅토리아 여왕의 이 유행어는 어떻게 처음 생겼을까? 여기에는 몇 가지 설이 있다. 그중 한 가지는 여왕 앞에서 감히 여왕을 흉내 낸 한 재수 없는 신하의 이야기다. 맥스 제독은 어느 날 여왕의 명에 따라서 머리에 손수건을 쓰고 볼을 빵빵하게 부풀려 여왕 흉내를 냈다.

그러자 빅토리아 여왕은 얼음장 같은 목소리로 "짐은 하나도 재미없소!"라고 말했다.

하지만 이 이야기는 현실성이 떨어진다. 이보다는 빅토리아 여왕의 오락을 책임졌던 앨릭 요크 경의 이야기가 더 그럴 듯하다. 한 독일인 손님이 윈저 성에서 열린 저녁 식사 연회에서 요크 경이 던진 상스러운 농담을 듣고, 큰 소리로 웃음을 터뜨렸다. 그 소리를 들은 여왕이 요크 경에게 대체 어떤 농담을 했느냐고 물었다. 요크 경이 이야기를 전하자, 빅토리아 여왕은 "짐은 하나도 재미없소!"라고 대답했다. 여러분이 기억할지는 모르겠지만, 빅토리아 여왕은 글래드스턴 총리에게도 그렇게 말했다!

다만 이 유행어 때문에 많은 사람들이 빅토리아 여왕을 농담도 이해 못하는 까칠한 할망구라고 오해하게 되었다. 하지만 여왕은 종종 쩌렁쩌렁 울리게 너털웃음을 짓는 사람이었다.

빅토리아의 비밀 일기

폴리 제독을 점심 식사에 초대했다. 가는귀가 먹은 폴리 제독은 자신이 지휘하던 에우리디케호가 침몰했다는 슬픈 이야기를 들려주었다. 나는 제독의 기분을 풀어 주려고 화제를 바꾸어서 "여동생은 잘 지내시오?"라고 물었다.

하지만 제독은 내 말을 잘못 듣고 동문서답을 했다. "네, 전하. 그 녀석을 뒤집어 엉덩이를 깨끗이 긁어낼 생각입니다."

그 말을 듣고 얼마나 배꼽을 잡고 웃었는지 모른다! 나는 나이프와 포크를 식탁에 내려놓고 얼굴을 손수건으로 가리고는 한참을 웃어댔다. 하도 고개를 흔들어대며 웃는 바람에, 나중에는 눈물이 얼굴을 타고 흘러내렸다. 불쌍한 폴리 제독은 내가 왜 그렇게 웃어대는지 전혀 모르는 것 같았다.

게임의 여왕

빅토리아 여왕은 게임을 무척 좋아했다. 여왕은 앨버트 공에게 청혼했던 시기에 이런 일기를 썼다.

사랑하는 앨버트와 함께 전략 게임과 보드 게임을 두 번씩 했다. 그리고 11시 20분이 되어서야 잠자리에 들었다. 정말 즐거운 저녁 시간이었다.

진짜 빅토리아의 일기

앨버트 공은 문학가나 과학자들을 궁정에 초대하고 싶었지만 빅토리아 여왕은 지루한 토론보다는 카드 게임을 좋아했다. 심지어 여왕이 돈을 걸고 카드 게임을 했다는 것을 당시 국민들이 알았다면 크게 충격을 받았을 것이다.

빅토리아 시대에는 카머스라는 카드 게임이 큰 인기를 모았는데, 깐깐하고 신앙심이 깊은 글래드스턴까지도 여왕과 돈을 걸고 카머스 게임을 했다. 글래드스턴은 아내에게 '지갑을 단단히 닫고' 저녁 식사에 참석한 덕분에 돈을 잃지 않았다고 말했다.

빅토리아 여왕은 소박한 취미를 즐겼고, 작은 일에도 즐거워했다. 여왕은 셰익스피어 연극이나 오페라처럼 '점잖은' 공연보다는 유치한 코미디나 멜로드라마를 좋아했고, 공연을 보면서 누구보다 큰 소리로 웃었다. 또 궁정에서 제스처 놀이나 수수께끼를 하면서 매우 재미있어 했다.

영광스러운 빅토리아 시대

그러나 위대한 인물들이 없었다면 대영 제국도 그렇게 큰 영광을 누리지 못했을 것이다. 빅토리아 여왕은 소설과 시를 좋아했는데, 특히 찰스 디킨스와 테니슨 경의 열렬한 팬이었다. 빅토리아 시대에는 위대한 인물들이 워낙 많아서 그중에서 가장 위대하거나 유력한 사람을 꼽기가 아주 어렵다. 그렇다면 빅토리아 여왕에게 직접 물어보는 건 어떨까?

찰스 디킨스

왜 유명해졌을까? 디킨스는 재미난 이야기를 썼다. 그가 쓴 유명한 소설로는 《데이비드 코퍼필드》, 《올리버 트위스트》 등이 있다. 이 소설은 뒷날 뮤지컬로 만들어졌다.

디킨스가 부업을 했다고? 디킨스는 부자가 되었지만 가난뱅이가 되지 않을까 끊임없이 노심초사했다. 그래서 낭독회를 열어 기차 여행만큼이나 선풍적인 인기를 모았고 짭짤한 수입을 올렸다.

빅토리아 여왕의 평가: 여왕은 둘째가라면 서러울 만큼 디킨스의 열렬한 팬이었다. 디킨스에게 자신의 책을 선물하면서 '세상에서 가장 미천한 작가가 가장 위대한 작가에게 드립니다.'라고 적어 주었다.

여왕을 사모했다고? 빅토리아 여왕이 결혼하기 전 디킨스는 여왕을 무척 사모했다. 그는 이렇게 솔직한 마음을 고백했

다. '나는 안타깝게도 주체할 수 없을 정도로 여왕을 사모한다. 그러다가도 여왕의 시녀와 도망가는 멍청하고 우울한 상상을 하며 서성거린다.'

브론테 자매

빅토리아 시대의 '스파이스 걸스'? 앤, 샬럿, 에밀리는 여자들이 얌전히 뜨개질이나 하던 시대에 여류 소설가로 활약했다. 샬럿은 고전 로맨스 소설 《제인 에어》를, 에밀리는 열정과 배신이 담긴 음울한 소설 《폭풍의 언덕》을 썼다.

웃음이 없는 자매라고? 아니, 그럼 어떨 거라고 생각했는데? 요크셔 무어스의 우울한 목사관에서 자란 브론테 자매들이 웃을 일이 있었겠어?

빅토리아 시대 사람들은 여자가 소설을 쓰는 것을 상상도 하지 못했다. 그래서 브론테 자매는 가짜 이름을 내세워서 책을 출판할 수밖에 없었다.

빅토리아 여왕의 평가 : 여왕은 《제인 에어》를 읽고 '황홀하기 짝이 없는 소설' 이라고 생각했다.

오스카 와일드
왜 유명해졌을까? 오스카 와일드는 〈정직함의 중요성〉 등 재치 넘치는 희극*을 썼다.

재치덩어리 와일드! 관객들이 통로를 데굴데굴 구르며 웃어댈 정도로 그의 연극은 재치가 넘쳤다. 그는 이렇게 생각을 뒤집는 농담을 즐겨 했기 때문이다. '사람들 입방아에 오르내리는 것보다 기분 나쁜 일은 단 한 가지밖에 없다. 바로 사람들 입방아에도 오르내리지 못하는 것이다.'

와일드는 왜 사람들 입방아에 오르내렸을까? 그랬다, 더욱이 와일드가 동성연애자라는 사실이 알려지면서 사람들의 입놀림은 더욱 바빠졌다. 당시 동성연애는 불법이었다. 빅토리아 사회는 오스카 와일드가 동성연애자라는 사실에 큰 충

*희극 : 인간과 사회의 문제점을 경쾌하고 흥미 있게 다룬 연극.

격을 받았고, 그를 감옥에 가두었다. 와일드는 영국에서 영원히 추방당했고, 그 뒤 몸이 회복되지 않아 이국땅에서 세상을 떠났다. 뒷날 전해진 이야기에 따르면, 그는 "저 꼴사나운 벽지를 그만 보려면 내가 죽어야지."라는 마지막 말을 남기고 죽었다.

빅토리아 여왕의 평가: 기록이 없다. 오스카 와일드는 빅토리아 여왕 등 세상에서 가장 멋진 여자 세 명을 꼽으면서, 그 여자들이라면 기꺼이 결혼했을 것이라고 말했다. 나머지 두 사람은 여배우와 가수였다.

이점바드 킹덤 브루넬

그는 어떤 사람이었을까? 키가 165cm밖에 되지 않은 이 작은 거인은 엄청난 명성을 누렸다. 이점바드는 유명한 선박 설계자였다. 그는 커다란 시가를 피웠고 여행할 때

는 굴뚝처럼 긴 실크 모자 속에 서류를 넣어 갔다. 이점바드는 클리프턴 현수교와 그레이트 웨스턴호를 설계했다. 지금도 브리스톨에 가면 클리프턴 현수교를 가면 볼 수 있다.

그레이트 웨스턴 호라고? 그게 뭔데? 그레이트 웨스턴호는 당시 가장 빠른 증기 여객선으로 대서양을 횡단하기 위해 만들어졌다.

이점바드가 저지른 최대의 실수는? 이점바드는 훗날 그레이트 웨스턴호보다도 거대한 그레이트 이스턴호를 건조했다. 그레이트 이스턴호는 너무 커서 부두를 빠져나가지도 못했고, 물에 띄우는 데만 무려 두 달이 걸렸다. 결국 이점바드는 파산했다.

빅토리아 여왕의 평가: 여왕은 선박 설계자와는 만나지 않았다. 특히 시가를 피우는 사람이라면 질색이었다.

테니슨 경

왜 유명해졌을까? 그는 유명한 시인이었다.

위대한 시인, 테니슨 경! 테니슨 경이 쓴 가장 유명한 작품은 〈인 메모리엄〉이다. 이 시는 친구의 죽음을 애도하는 내용이었기 때

문에, 여왕의 마음에 쏙 들었다. 테니슨 경은 빅토리아 여왕을 위한 시를 써서 여왕을 더욱 기쁘게 했다.

전하의 궁정은 순결하고, 전하의 생활은 고요하도다. 하느님이 전하에게 평화를, 국민에게 휴식을 주셨으니. 어머니이자 아내이자 여왕인 전하 앞에 무한한 존경을 바치네.

빅토리아 여왕의 평가: 테니슨 경은 빅토리아 여왕이 가장 좋아하는 시인이었으며, 여왕과 평생 친구로 지냈다. 빅토리아 여왕은 테니슨 경의 솔직함을 좋아했다. 한번은 테니슨 경이 오스본 하우스로 찾아와 여왕을 알현하면서 집에 찾아오는 불청객들 때문에 귀찮아 죽겠다고 불평했다. 여왕은 불청객들이 귀찮지 않다고 말했다. 그러자 테니슨 경은 이렇게 대답했다. "저도 대문 앞에 경비병을 둘 수만 있다면 그럴 겁니다."

데이비드 리빙스턴

왜 유명해졌을까? 스코틀랜드 인이었던 리빙스턴은 위대한 선교사이자 탐험가였다.

노를 저어 네스 호를 건넜다고? 사실 리빙스턴의 주요 무대는 아프리카였다. 그는 6,500km를 걸어 아프리카를 횡단하던 중 빅토리아 폭포를 발견했다. 그리고 1866년에 다시 아프리카로 가서 나일 강의 발원지를 발견한 뒤 실종되어 몇 년 동안이나 소식이 없었다. 그래서 미국인 헨리 스탠리가 리빙스턴을 찾으러 아프리카로 갔다.

설마 스탠리도 사라진 건 아니겠지? 아니, 스탠리는 리빙스턴을 찾는 데 성공했다. 두 사람의 만남은 유명한 사건이 되었다. 스탠리는 공손히 모자를 벗고 "리빙스턴 박사님이시죠?"라고 물었다. 리빙스턴도 모자를 벗고 미소를 지으며 "네."라고 대답했다. 위대한 빅토리아 시대의 사람들은 역사적인 순간에도 참 예의 바르게 행동한 모양이다.

빅토리아 여왕의 평가: 리빙스턴은 1873년에 죽었다. 리빙스턴의 장례식은 웨스트민스터 성당에서 국민장으로 치러졌다. 그는 이런 영광을 누린 단 하나뿐인 선교사로 손꼽힌다. 빅토리아 여왕은 장례식에 참석하지는 않았지만, 멋진 조화를 보내 주었다.

찰스 다윈

왜 유명해졌을까? 다윈은 《종의 기원》이라는 대작을 쓰고 진화 이론을 창시한 생물학자다.

《종의 기원》은 어떤 내용이었을까? 간단히 말해서 모든 생명체는 같은 조상에서 '진화'했다는 것이다. 그러니까 인간은 원숭이의 자손이라는 뜻이다.

다윈에게 바나나를! 다윈의 이론은 성경의 창조론을 정면으로 반박하는 내용이어서 엄청난 물의를 빚었다. 성경에는 원숭이 이야기가 등장하지 않는다. 다윈은 신성 모독죄로 기소되었고, 대중들의 비난으로 병을 얻었다.

빅토리아 여왕의 평가 : 그렇지 않아도 빅토리아 여왕은 국회의원 원숭이들에게 둘러싸여 있었다.

그렇다면 빅토리아 시대에 가장 큰 영광을 누린 사람은 누구였을까?

그야 두말하면 잔소리지.

즉위 50주년

빅토리아 여왕도 이제 나이가 들었다. 재위 50주년이 다가오면서, 여왕은 70대를 바라보는 나이가 되었다. 19세기 말엽에는 영국 역사상 어떤 왕이나 여왕보다도 오랫동안 왕위를 차지한 군주가 되었다.

여왕은 나이가 들면서 점차 피곤을 느꼈고 여전히 앨버트 공을 그리워했지만 자리에서 물러날 생각이 없었다. 빅토리아 여왕은 자신의 의무를 다하는 것을 세상 무엇보다도 중요하게 생각했다. 여왕의 의무는 숨이 끊어질 때까지 여왕의 자리를 지키는 것이었다. 말년의 빅토리아는 우리가 사진에서 흔히 보았던 것처럼,

검은색 드레스를 입은 땅딸막한 할머니가 되어 있었다. 여왕은 재위 50주년 기념식에서도 왕관을 쓰거나 멋진 드레스를 입지 않았다.

뚱뚱한 여왕

빅토리아 여왕은 날이 갈수록 뚱뚱해져서, 50대에는 76kg까지 몸이 불었다. 게다가 152cm밖에 안 되는 작은 키였기 때문에 마치 검은색 옷을 입은 하마처럼 보였다. 나이가 들면서 마음껏 음식을 먹은 탓에 하루가 다르게 옆으로 퍼진 것이다. 1867년에 최초로 다이어트에 대한 책이 출간되었지만, 빅토리아 여왕은 거들떠보지도 않았다. 주치의 제임스 리드 박사는 여왕의 다이어트를 위해 우유가 든 시리얼을 추천했다. 빅토리아는 이 시리얼을 좋아했다. 하지만 시리얼 때문에 오히려 식사량이 늘어 다이어트에는 독이 되었다.

여왕은 지팡이 없이는 걷지 못했고 눈도 침침해졌지만, 식욕만은 왕성했다. 빅토리아는 스테이크 고기와 각종 야채를 넣고 포도주 한 방울을 섞은 브라운 윈저 수프 같은 기름진 음식을 즐겼다. 그리고 양고기, 닭백숙, 감자, 완두콩도 좋아했다. 발모럴 성에서 지낼 때는 하기스도 즐겨 먹었다.

빅토리아 여왕은 빵과 푸딩도 좋아하고 생크림을 얹은 딸기도 마다하지 않았지만, 집에서 만든 토피 케이크*를 최고로 좋아했다.

*토피 케이크: 설탕과 버터를 끓여서 만든 케이크.

빅토리아의 비밀 일기

1886년 6월

나는 발모럴 성에서 지내고 있다. 날씨가 화창해서 모두 소풍을 나갔다. 샌드위치, 스콘, 토스트, 케이크, 빵, 초콜릿 비스킷으로 가벼운 점심 식사를 했다. 나는 입맛이 없어서 조금만 먹었다. 그래도 예의상 종류별로 두 조각씩 먹은 뒤에 음식의 유혹을 단호히 물리쳤다. 나는 "더 이상 먹으면 안 되겠어."라고 딱 잘라 말하고는 먹지 않았다. 딸기 쇼트케이크는 버리기가 아까워서 먹긴 했지만. 사람은 나이가 들수록 몸매를 가꾸어야 하는 법이다.

어쨌든 상쾌한 바람을 쏘이고 나니까 다시 배가 고파졌다. 오늘 저녁에는 뭘 먹을까?

빅토리아는 저녁 식사에 초대된 손님들과 비교도 되지 않는 속도로 마파람에 눈 감추듯 음식을 먹었다. 손님들이 뜨거운 푸딩과 차가운 푸딩 중에서 무엇을 고를지 고민하는 동안 빅토리아는 두 가지 푸딩을 모두 먹어치웠다! 여왕이 워낙 빨리 먹는 바람에, 죄 없는 손님들은 음식도 제대로 먹지도 못했다. 여왕 전하의 접시가 비면, 하인들이 득달같이 나타나서 채 비지도 않은 손님들의 접시까지 치워 버렸기 때문이다. 어느 날 저녁 식사에 초대된 하팅턴 경은 몇 숟가락 뜨지도 못한 채 접시가 치워지는 것을 보고 "다시 가져와!"라고 큰 소리로 외쳤다.

빅토리아 시대의 가치관

맛있는 음식 열전

빅토리아 여왕이 음식을 많이 먹기는 했지만, 국민들도 그에 못지않았다. 부자들은 한 끼 식사로 햄, 혓바닥 고기, 꿩고기, 훈제 청어, 간, 달걀, 베이컨, 귀리를 먹었다. 그리고 이 정도는 가벼운 아침 식사였다.

런던의 길드 홀에서는 성대한 만찬이 자주 열렸다. 그중에서 가장 성대한 행사는 1837년 빅토리아 여왕의 대관식 만찬이었다. 여왕의 대관식 만찬에는 570명의 손님들이 몰려들어 엄청난 양의 음식을 한꺼번에 먹어치웠다.

거북 수프 200그릇
조개 요리 45접시
소 허리 고기 두 덩어리

쇠고기 등심, 우둔살, 갈비살 덩어리 10개
삶은 칠면조 50마리와 굴 요리
꿩고기 80마리
비둘기 파이 60개
햄 45개
젤리 140개
아이스크림 200개
타르트 40그릇
파인애플 100개 등

대관식 만찬에는 요리 39가지가 나왔다. 그러니 빅토리아 시대 잡지에 소화제 광고가 그렇게 많이 실린 것도 무리가 아니다!

반면에 가난한 사람들은 아이스크림을 먹을 기회가 흔치 않았다. 구빈원에서 내놓는 식사라고는 역겨운 귀리죽이 전부였다. 그것도 귀리를 갈아 만든 귀리죽을 그릇 바닥이 보일 정도로 조금만 주었다.

추위와 더위를 피할 집이 있는 노동자들도 화덕이 없어 집에서 음식을 요리할 수 없었다. 요행히 돈이 생겨 고기를 사면, 근처 빵집에 가서 수고비를 주고 고기를 구웠다. 가난한 사람들은 집에서 따끈한 음식을 먹지 못했기 때문에, 길거리 시장에서 따끈한 밤과 감자와 차를 사서 먹었다.

기념식 준비

즉위 50주년 기념식이 다가오면서 빅토리아 여왕의 인기는 절정에 달했다. 국민들은 여왕이 앨버트 공이 죽은 뒤 숨어 지냈던 것을 까맣게 잊고, 앞다투어 여왕을 칭송하기 시작했다. 50년 동안 왕위를 지키는 것은 대단한 일이었다. 특히 나라를 엉망으로 다스렸던 과거 군주들을 기억하는 사람들은 더욱 감개가 무량했다.

곧 50주년 기념식의 계획이 세워졌다. 인도 총독의 말에 따르면 "캘커타의 모든 여성들이 50주년 기념식을 위한 버슬을 주문했다." 100만 명이 넘는 영국 여성들은 여왕에게 청원서를 보내 일요일에 술집 문을 닫을 것을 요구했다. 차에 우유보다 위스키를 넣어 마시기를 즐겼던 빅토리아는 들은 척도 하지 않았다.

50주년 기념식을 위한 모금 행사가 열려 영국에서만 7만 5천 파운드가 모였다. 이 돈을 어디에 쓰면 좋을까? 병원에 기부하거나 빈곤층이나 실업자들에게 주는 것은 어떨까? 하지만 빅토리아 여왕은 이미 쓸 곳을 정해 두었다.

항간에는 빅토리아 여왕이 50주년 기념식을 계기로 물러나고 에드워드 왕세자를 내세울 것이라는 소문이 돌았다. 하지만 빅토리아를 아는 사람은 그런 소문을 믿지 않았다. 빅토리아는 에드워드는 왕이 될 자격이 없으니 부디 자신이 왕세자보다 오래 살기를 바란다고 주위 사람들에게 말했다. 이 말은 에드워드 왕세자의 귀에까지 들어갔다. 가여운 왕세자는 여왕의 눈에 들기 위해서 아무리 노력해도 여전히 집안의 골칫덩어리 취급을 받았다. 그는 여왕에게 50주년 기념 선물로 잉크 받침대를 주었다. 뚜껑을 열면 푸른색 잉크에 여왕의 얼굴이 비쳐 보였다. 선물을 받은 빅토리아 여왕은 "정말 예쁘고 유용한 선물이구나."라고 말했다. 50주년 기념품은 이내 불티나게 팔리기 시작했다. 당시 런던에서는 다음과 같은 유용한 기념품을 살 수 있었다.

6월 20일, 빅토리아 여왕의 즉위 50주년을 기리는 성대한 연회가 열렸다. 온 나라가 흥분해서 들썩거렸다. 기념식은 소박한 가족 점심 식사와 함께 시작되었다. 이 점심 식사를 위해 전 유럽에서 빅토리아의 친인척인 왕과 왕비와 왕자들이 모였다. 빅토리아는 덴마크 왕과 그리스 왕 사이에 앉았고, 벨기에 왕은 빅토리아의 맞은편에 앉았다. 이 '가벼운 점심 식사'의 메뉴는 금 접시에 차려진 차가운 쇠고기, 구운 새고기, 사슴고기 스테이크, 닭고기, 송아지 고기, 구운 양고기 등 고기 일색이었다. 그리고 다음날 여왕 행렬은 감사 예배를 드리기 위해 웨스트민스터 성당을 향해 출발했다.

빅토리아 타임스

1887년 6월 21일

신이여, 여왕을 축복하소서!

드디어 온 국민이 고대하던 여왕의 즉위 50주년 기념일이 시작되었다. 여왕은 과거 50년 동안 그랬던 것처럼, 이번에도 자신의 고집을 꺾지 않았다. 여왕은 유리 마차를 타지 않았고, 예복과 왕관과 홀*도 마다했다. 자그마한 여왕은 검은색 드레스와 보닛* 차림으로 32명이나 되는 유럽의 군주와 왕자들을 대동하고 길을 나섰다.

'위풍당당한' 빅토리아 여왕

그 광경을 지켜본 한 사람은 이렇게 말했다. "여왕은 오랜 세

---

*홀: 왕이 왕권의 상징으로 드는 것.

*보닛: 예전에 여자들이 쓰던 모자로 끈을 턱 밑에서 묶게 되어 있음.

월 동안 나라를 통치하도록 허락하신 하느님에게 감사의 예배를 드리기 위해 교회로 가는 자그마한 늙은 여인이었다."

여왕은 아침에 눈물을 흘렸다고 한다. 아무래도 감격에 겨워서 눈물이 난 것 같다. 웨스트민스터 성당으로 가는 길목에는 수많은 군중이 몰려들어 우레와 같은 환호와 박수를 보냈다. 기념식이 끝나자 왕족들이 줄지어 여왕 앞을 지나갔다. 여왕은 늘 그렇듯이 한 걸음 앞으로 나가서 왕족들을 차례로 안아 주었다. 얼마나 위엄이 넘치고 위풍당당한 모습이었는지! 그 모자만 안 썼더라면 흠잡을 데가 없었을 텐데!

그날 빅토리아 여왕은 일기에 이런 글을 남겼다.

오늘 기념식은 평생 흐뭇하고 가슴 두근거릴 기억으로 남을 멋진 하루였다.

어쨌든 이것이 즉위 50주년에 관한 공식적인 기록이다. 하지만 빅토리아 여왕은 저녁이 되자 완전히 기진맥진해서 '반송장'이 되었다. 그리고 다음날 다시 한 번 성대한 축하 행사가 열렸다. 아마도 빅토리아의 솔직한 심정은 그렇게 흐뭇하지만은 않았을 것이다.

빅토리아의 비밀 일기

1887년 6월 21일
캔터베리 대주교에게 예배를 금방 끝내라고 주문했다. 실크 속옷을 겹겹이 끼어 입으면 정말 말도 못하게 덥다!

예배 중에 성가대가 앨버트의 노래를 불렀다. 나는 홀로 앉아서 가슴 저리게 앨버트를 그리워했다. 이렇게 홀로 50주년 기념일을 맞이하다니 내 신세가 얼마나 가련한지 모르겠다! 궁전에는 수많은 축하 전보가 도착했다. 나는 음악을 연주하며 지나가는 악단의 경례도 받아 주었다. 그리고 완전히 녹초가 되었다! 내 방으로 가서 불빛을 바라보다가 곯아떨어졌다.

6월 22일

빌어먹을 50주년 기념행사는 아직도 끝나지 않았다! 하이드 공원 파티에 참석해서 2만 6천명의 어린이들을 만났다. 아이들은 빵과 우유를 받았고, 내 얼굴이 그려진 컵도 선물로 챙겼다. 아이들은 '신이여, 여왕을 구하소서.'를 합창했다. 솔직히 말해서, 음치들의 합창이 따로 없었다. 마침내 풍선이 띄워져 하늘을 두둥실 떠다녔다. 부랑아 한 명이 그 풍선을 보고 "저것 봐! 여왕 전하가 하늘로 올라가고 있어!"라고 외쳤다고 한다. 그래, 나도 하늘로 올라가고 싶다고.

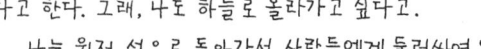

나는 윈저 성으로 돌아가서 사람들에게 둘러싸여 연설을 하고 악단의 경례를 받았다. 과연 이 행사의 끝은 어디일까?

마침내 녹초가 되어 잠이 들었다! 콧수염에 우유를 묻힌 앨버트가 두둥실 떠다니는 꿈을 꾸었다.

빅토리아가 일기에 적지는 않았지만, 불꽃놀이 행사에서 단 한 가지 실수가 일어났다. 원래는 폭죽이 꽃다발 모양으로 아름답게 퍼지다가 여왕의 대형 초상화로 깜짝 변신할 계획이었다. 그런데 불량품 폭죽이 섞여 있어 여왕의 오른쪽 눈이 자꾸 깜박거렸다. 그 바람에 여왕이 군중을 향해 윙크하는 것처럼 보였다. 과연 빅토리아 여왕이 이 광경을 보고 재미있어 했을까?

막돼먹은 인도인 하인

빅토리아는 스스로에게 주는 즉위 50주년 기념 선물을 마련했다. 여왕은 인도에 가고 싶었지만, 인도는 무척 더운 나라였다. 그래서 인도인들을 영국에 데려왔다. 인도인 하인 두 명을 영국으로 불러들인 것이다. 하인들은 도착하자마자 무릎을 꿇고 여왕의 발에 키스했다. 그러나 둘 중에서 젊은 편인 압둘 카림은 결코 아첨하는 성격이 아니었다. 카림은 아버지가 의사라고 주장했다지만, 사실은 감옥에서 일하는 화학자였다. 그는 자신이 평범한 하인이 아님을 똑똑히 밝혔다.

카림은 빅토리아의 인도인 비서관으로 알려졌다. 카림이 맡은 일은 아주 손쉬운 것이었다. 그는 여왕이 편지에 서명을 하면 잉크를 말렸고, 인도 북부 지방의 방언인 힌두스타니 어를 여왕에게 가르쳤다. 카림은 존 브라운의 빈자리를 훌륭히 메웠고, 무례한 스코틀랜드 인으로 알려진 존 브라운만큼이나 궁정에서 인기가 없었다.

카림은 검은색 수염을 기르고 터번*을 썼으며, 자신은 다른 하인들보다 우월하다는 분위기를 풍겼다. 그는 언젠가 다른 하인들과 함께 앉아 연극을 보라는 말을 듣고, 딱 잘라 거절하고 방안에 들어가 시무룩하게 있었다. 그 뒤로는 대개 여왕의 시종 및 시녀들과 함께 밥을 먹었다. 여왕의 시종과 시녀들은 카림을 끔찍이 싫어했다.

헨리 폰손비 경

카림은 오스본 하우스에서 가구까지 딸린 집을 하사받았다. 수많은 여자들이 그의 아내, 이모, 고모라고 말하면서 그곳을 드나들었다. 여왕 주치의 리드 박사는 카림의 아내가 아프다고 해서 왕진을 가면, 매번 다른 여자가 앉아 있었다고 말했다.

사람들이 카림을 멸시한 것은 빅토리아 시대 사람들의 편견 탓도 있었다. 하지만 카림이 동료 인도인 하인들에게조차 거들

*이슬람교도나 인도인들이 머리에 둘러감는 수건.

먹거린 것도 사실이다. 마침내 여왕 세대에서 일하는 하인들이 반란을 일으키면서 문제가 곪아터졌다. 하인들은 여왕을 따라서 프랑스로 가는 도중에, 카림과 나머지 하인들 중에서 하나를 선택하라며 최후통첩을 날렸다. 빅토리아는 벌컥 화를 내더니 책상 위에 놓여 있던 종이를 모조리 던져 버렸다. 결국 카림은 여왕의 객차가 아닌 보통 객차를 타기로 결정이 났다. 하지만 사람들이 카림에 대해 불평할수록, 여왕은 기를 쓰고 그의 편을 들었다.

여왕의 시녀들

빅토리아 여왕은 수많은 수행원을 이끌고 다녔다. 여왕은 프랑스로 휴가를 떠나면서, 최소한 100명 이상의 수행원이 필요하다고 잘라 말했다. 수행원 가운데는 하인도 있었지만, 시종이나 시녀들도 있었다. 그렇다면 여왕의 시녀들은 무슨 일을 했을까?

시녀들은 아름답게 차리고 국가 행사에 참석하고, 여왕과 수다를 떠는 것이 일이었다. 그리고 여왕의 손님들을 돌보고, 여왕이 끝없이 읊어대는 긴 편지를 받아 적었다.

여왕의 시종과 시녀들은 매우 신중하게 선택되었다. 마리 아덴 양은 수행 시녀 후보로 올랐을 때, 네 가지로 구성된 질문지를 받았다.

질 문 지

1. 후보는 프랑스 어와 독일어를 읽고 쓸 수 있는가?

2. 후보는 비어트리스 공주와 함께 이중주를 연주할 수 있는 피아노 실력을 갖추고 있는가?

3. 후보의 승마 실력은 어떤가?

4. 후보에게 약혼자나 결혼할 남자가 있는가?

빅토리아는 시녀들이 결혼하는 것을 못마땅하게 여겼다 시녀들이 일을 그만두면 매우 불편했기 때문이다. 빅토리아는 주치의 리드 박사가 젊은 수행 시녀와 결혼하자 "정말 피곤하게 됐군!" 하고 말할 정도였다.

여왕은 따분하고 규칙적인 생활을 했다. 9시 30분에 아침 식사를, 2시에 점심 식사를 했다. 오후에는 마차를 타고 드라이브했고, 저녁 9시에는 저녁 식사를 했다. 그리고 응접실에서 음악을 듣다가 하품이 나면 잠자리에 들 시간이다. 그래도 가끔 재

*트레몰로 : '떨린다' 라는 뜻에서 나온 단어로서, 연주에서 음이나 화음을 규칙적으로 떨리듯 되풀이하는 주법.

미안 순간도 있었다. 한번은 잔뜩 긴장한 수행 시녀가 여왕에게 노래를 불러 주었는데, 트레몰로*를 이용해 떨리듯 부르는 것을 그만 깜박했다. 여왕이 "어째서 떨지 않지?"라고 묻자, 시녀의 엄마가 대답했다. "아니에요, 전하. 지금 사시나무 떨듯 떨고 있잖아요."

> ### '내가 얼마나 잘 웃는 여왕인데!'
> -빅토리아 여왕의 즐거운 시간-
>
> 빅토리아 시대 사람들은 다양한 오락거리를 즐겼다. 그 시절 빅토리아는 발모럴 성에서 머물다가 버슬 때문에 웃음이 터진 적이 있었다. 빅토리아가 방에서 나가다가 그만 누군가의 버슬을 밟았다. 그 자리에 있던 여성들은 하나같이 자신의 버슬이 아니라고 주장했다. 그때 너츠퍼드 경이 아무래도 헨리 폰손비 경의 버슬 같다고 말했다. 여왕은 그 말을 듣고 정신없이 웃어댔다. 마침내 수석 집사가 나서서 그 '물건'의 주인은 록스버러 공작 부인이라고 근엄하게 선언했다. 시동이 거대한 소시지 같은 버슬을 건네주자, 공작 부인은 얼굴이 빨개져서 처음 보는 물건이라고 우겼다. 여왕은 너무 웃어서 배꼽이 빠질 지경이었다. 결국 하녀 한 명이 버슬을 잃어버렸다고 실토하여 비로소 의문이 풀렸다.

빈둥거리는 중년의 왕세자

빅토리아 여왕은 이제 70대에 접어들었다. 한편 에드워드 왕세자는 중년이 되었지만 여전히 왕위를 물려받을 날만 기다리고 있었다. 빅토리아 여왕은 마음 같아서는 그에게 결코 왕위를 물려주고 싶지 않았다. 여왕은 왕세자가 훌륭한 왕이 될 재목이 아니라고 생각했다. 빅토리아에게 가장 멋진 남자는 이미 저 세상 사람이 된 앨버트 공이었다. 그리고 에드워드 왕세자는 아버지와는 전혀 딴판이었다.

1890년 무렵, 에드워드는 도박 경마와 여자들을 쫓아다니는 것 외에는 할 일이 없는 뚱뚱한 중년 남자가 되어 있었다. 에드워드는 1863년 알렉산드라 공주와 결혼했지만, 여전히 다른 '여자 친구들'을 사귀었다. 빅토리아는 바쁘게 파티장과 경마장을 돌아다니는 에드워드의 생활을 못마땅하게 여겼다.

하지만 에드워드 왕세자는 착실하고 성실하게 살기 싫었다. 그는 파티를 좋아했고, 부자 친구들과 짓궂은 장난을 쳤다. 에드워드는 친구 크리스토퍼 사이크스에게 탁자 아래를 기어 다니며 "전하의 명에 따르겠습니다."라고 말하게 했다. 그러는 동안에 사이크스의 목에 술을 콸콸 붓는 장난을 했다. 왕이 된 뒤에는 손님 침대 안에 죽은 새나 말린 완두콩을 넣고는 좋아라 했다. 빅토리아가 알았다면 전혀 좋아하지 않았을 것이다.

빅토리아는 에드워드가 왕이 된다는 생각만으로도 몸서리가 쳐졌다. 하지만 영원히 살 수 없으니 현실을 인정해야 했다. 늘 멋진 장례식을 좋아했던 빅토리아는 이제 자신의 장례식이 멀지 않았음을 느꼈다.

빅토리아 여왕의 죽음

빅토리아 여왕에게는 축하할 일이 한 가지 남아 있었다. 1897년 6월 22일, 즉위 60주년을 맞이한 것이다. 이로써 빅토리아는 기록을 갱신했다. 무려 60년 동안이나 왕위를 지킨 것이다. 영국 역사상 어떤 군주도 달성하지 못한 기록이었다.

가족과 친척들이 모여 치렀던 즉위 50주년 기념식과는 달리, 60주년 기념식은 영광스러운 대영 제국의 축제가 되었다.

빅토리아 타임스
1897년 6월 22일

머리끝부터 발끝까지 위엄이 넘치는 여왕

빅토리아 여왕의 즉위 60주년을 축하하기 위해 전 세계의 대영 제국 신민들이 몰려들었다. 캐나다 기마경찰, 자메이카 포병대, 마오리 족 거인, 뉴질랜드와 중국과 남아프리카의 군대, 멋진

수염을 기른 인도의 창기병*이 도착했다. 그 행렬이 어찌나 길었던지 끝이 보이지 않을 정도였다.

행렬의 맨 끝에는 백마 여덟 마리가 끄는 마차가 등장했다. 여기저기서 흔들리는 손수건의 물결, 흥분으로 가득한 수많은 사람들의 얼굴, 우레와 같은 함성을 가르고 빅토리아 여왕이 등장했다. 어떤 사람은 그 광경을 보고 이렇게 말했다. "제 시간에 도착한 여왕은 아주 침착하고 심각한 표정이었으며, 머리끝부터 발끝까지 여왕다운 위엄이 넘쳤다."

여왕의 나이와 건강을 생각해서 세인트 폴 성당의 예배는 짧게 끝났다. 예배가 끝나자 캔터베리 대주교마저도 감격에 겨워 국민들과 함께 여왕에게 세 번 환호를 보냈다. 환호의 메아리가 얼마나 컸던지 트라팔가 광장에 서 있는 넬슨 제독 동상에게까지 들릴 정도였다.

그날 아침에 빅토리아는 전 세계 대영 제국 신민들에게 감사의 인사를 전했다.

"사랑하는 국민들에게 진심으로 감사하노라. 부디 국민들에게 하느님의 축복이 있기를!"

그리고 여왕은 간편하게 버튼을 눌러 전보를 보내, 전 세계 영국 신민들에게도 감사의 인사를 전달했다.

신문들은 이번에도 몇 가지 실수를 보도하지 않았다. 하원은 60주년 기념식에서 여왕에게 연설을 하기로 계획했다. 이 경우

*창기병: 창을 들고 말을 타며 싸우는 병사들.

에는 대개 하원의장이 나서서 길게 연설을 늘어놓았다. 그러나 막상 여왕이 도착하자 의원들은 꼴사나운 행동으로 체면을 구겼다. 여왕 전하를 자세히 보고 싶은 마음이 앞서서 서둘러 몰려든 나머지 여왕을 거의 깔아뭉갠 것이다. 어떤 사람은 그 광경을 이렇게 묘사했다.

> 연회실의 문이 열리자 하원의원들이 축구 경기가 끝난 뒤 경기장으로 몰려드는 군중처럼 질서 없이 우르르 몰려들었다……. 무질서한 군중이 여왕에게 달려들자, 여왕의 시종과 보좌관들은 목숨을 걸고 여왕을 지켜야 한다는 것을 본능적으로 느꼈다. 시종장들이 이리저리 하원의장을 찾는 사이에, 우리는 보호막을 만들어 몰려드는 사람들을 막았다.
>
> 프레더릭 폰손비 -《세 명의 군주에 대한 기억》

빅토리아 여왕이 의원들의 망신스러운 행동에 대해 어떻게 생각했을지 충분히 상상이 간다. 빅토리아는 장관들 앞에서 노골적으로 의원들을 비난했다.

즉위 60주년 기념식은 대영 제국의 마지막 성대한 축제였다.

영국은 제1차 세계 대전에 참전할 때까지만 해도 세계에서 가장 부유한 나라로 손꼽혔다. 그러나 전쟁이 끝날 무렵에는 국고가 텅텅 비어 빚을 졌다. 빅토리아 시대에 쌓은 어마어마한 부가 겨우 4년 만에 바닥을 드러낸 것이다. 그토록 아꼈던 대영제국이 추락하기 전에 여왕이 세상을 떠난 것이 다행이었다.

할머니가 된 빅토리아

1899년, 빅토리아 여왕은 여든 살의 할머니가 되었다. 빅토리아는 여든 살 생일에 무려 3~4,000통의 축하 편지를 받았다. 여왕은 여전히 자신의 나이를 두고 농담을 했고, 아직도 마음은 이팔청춘이었다. 하지만 다리 관절염 때문에 더 이상 걸어 다닐 수 없었다. 왕실은 안마사를 고용하여 여왕의 다리를 안마하도록 했다. 빅토리아는 다리를 쓸 수 없었기 때문에 빅토리아 시대판 휠체어인 '구르는 의자'를 타고 돌아 다녔다.

의자에 앉은 뚱뚱한 빅토리아 여왕을 이 방에서 저 방으로 옮기려면 시종이나 하인의 도움이 필요했다. 짧은 거리를 이동할 때, 여왕은 당나귀가 끄는 마차를 타고 다녔다. 그 옆에서 숨차게 터벅터벅 걸으며 여왕의 질문에 대답해야 하는 여왕 가족에게는 여간 고역이 아니었다.

빅토리아 여왕은 평생 살 것처럼 보였다. 여든 한 살이 되었을 때는, 갑자기 40년 만에 처음으로 아일랜드를 방문하겠다고 나섰다. 빅토리아는 이렇게 말했다.

"이건 순전히 내 생각이야. 아일랜드 주민들도 매우 기뻐하겠지만, 나도 즐거울 것 같아서 내린 결정이야."

역사적으로 영국은 아일랜드와 문제가 많았지만, 빅토리아 여왕은 아일랜드에서 의외로 따뜻한 환대를 받았다. 어떤 마을에서는 한 여자가 이렇게 외쳤다.

"신이여, 여왕을 축복하소서!"

그러자 길 건너편에서 누군가 이렇게 대답했다.

"그리고 총리를 벌하소서!"

더운 날씨에 오랜 시간 동안 시골길을 여행하던 빅토리아 여왕은 나이 때문에 쉽게 피로해졌고, 여행 중에 졸기도 했다. 마을 사람들이 여왕을 환영하기 위해 모두 모였는데 여왕이 잠이 들면 곤란했다. 그래서 여왕의 개인 보좌관 프레더릭 폰손비는 말이 펄쩍 뛰며 힝힝거리도록 말에 박차를 가하는 버릇이 생겼다. 이 소음은 알람 시계 역할을 했다. 여왕은 소리를 듣고 깜짝 놀라서 깨거나, 그래도 여왕이 일어나지 않으면 비어트리스 공주가 여왕의 옆구리를 찔렀다.

178

'내가 얼마나 잘 웃는 여왕인데!'
-빅토리아 여왕의 즐거운 시간-

빅토리아는 얼마 전부터 시력이 나빠지기 시작했다. 그래서 묘한 혼란이 생기기도 했다. 한번은 여왕이 "프레더릭(폰 손비)은 대체 어디 있어?"라고 물었다. 그러자 여왕의 질문을 듣지 못한 밸푸어 경이 앞으로 나섰다. 빅토리아는 밸푸어 경을 프레더릭으로 착각하고 어머니의 건강을 물었다. 밸푸어 경은 한동안 말을 잇지 못했다. 그의 어머니는 이미 오래 전에 돌아가셨기 때문이다.

여왕의 시녀인 마리 말렛도 곤란한 상황에 부딪혔다. 마리는 어느 날 저녁 여왕에게 신문을 읽어 주고 있었다. 여왕은 듣다가 종종 잠이 들었다. 마리는 여왕이 잠들지 못하게 해야 한다는 엄격한 지시를 받았다. 여왕이 잠들지 못하게 여왕의 어깨를 마구 흔들기라도 하라는 말인가? 마리는 온갖 방법을 동원해서 여왕이 잠드는 것을 방해했다.

빅토리아 여왕이 여든 두 살이 되면서 20세기가 시작되었다. 이제 끝이 보이기 시작했다. 마침내 여왕도 살 날이 얼마 남지 않았다. 빅토리아 주위에는 죽음의 그림자가 드리웠다. 1900년 7월, 여왕의 둘째 아들 알프레드 왕자가 암으로 죽었다. 한편 독일 황후인 장녀 빅토리아도 죽어가고 있었다. 앨버트가 죽은 뒤부터 죽을 날만을 고대하던 빅토리아는 이상하게도 이제 삶에 미련이 생겼다.

난 앨버트가 죽은 뒤부터 죽을 날만을 기다렸지만, 지금은 내 나라와 사랑하는 사람들을 위해 살고 싶어.

1901년 1월 13일, 빅토리아는 마지막 일기를 썼다. 하지만 그 내용은 꽤 평범한 편이었다.

> 즐거운 저녁 시간을 보냈다. 하지만 잠이 오지 않았다. 일찍 일어나서 우유를 마셨다. 4시가 되기 전에 정원으로 나가 의자에 앉았다. 조금 쉬다가 밥을 먹고 잠깐 동안 마차로 드라이브를 했다.

진짜 빅토리아의 일기

빅토리아는 70년 동안 일기를 썼기 때문에, 빅토리아의 일기에는 '슬프고 따분한 어린 시절'부터 60주년 기념식과 20세기 초의 역사가 모조리 기록되어 있었다. 하지만 건강이 나빠지면서 일기가 갑자기 중단되었다. 빅토리아의 건강은 급속도로 나빠져, 가족들이 병상으로 모여들었다.

1월 21일, 에드워드 왕세자가 빅토리아를 찾아와 이야기를 나누었다. 왕세자가 나간 뒤, 주치의 리드 박사가 여왕의 곁을 지켰다. 그런데 여왕은 계속 그의 손에 키스를 해서 박사를 놀라게 했다.

빅토리아는 에드워드가 방에서 나간 것을 모르고 리드 박사를 아들로 착각한 것이다. 어쩌면 여왕도 자신이 에드워드를 평생 불행하게 만들었다는 것을 깨닫고 후회했던 것 같다.

그 다음날, 여왕은 가족의 표현대로 '3층 갑판이 달린 전함이 가라앉듯이' 급속도로 건강이 악화되었다. 빅토리아는 에드워드를 보고는 팔을 벌려 안아 주었다. 그리고 손자인 독일 황제 카이저 윌리엄의 팔에 안겨 숨을 거두었다. 그는 곧 제1차 세계 대전을 일으킨다.

빅토리아는 죽으면서 어떤 유명한 말을 남겼을까? 어떤 사람은 '오, 앨버트!'가 빅토리아의 마지막 말이었다고 말한다. 하긴 빅토리아는 40년 동안이나 남편을 그리워했으니, 하늘나라에서 사랑하는 남편을 다시 만나기를 바라며 숨을 거두었을지도 모른다. 어쨌든 여왕이 승하했으니 장례식을 치러야 했다. 빅토리아는 장례식에 대해서도 이상한 유언을 남겨 두었다.

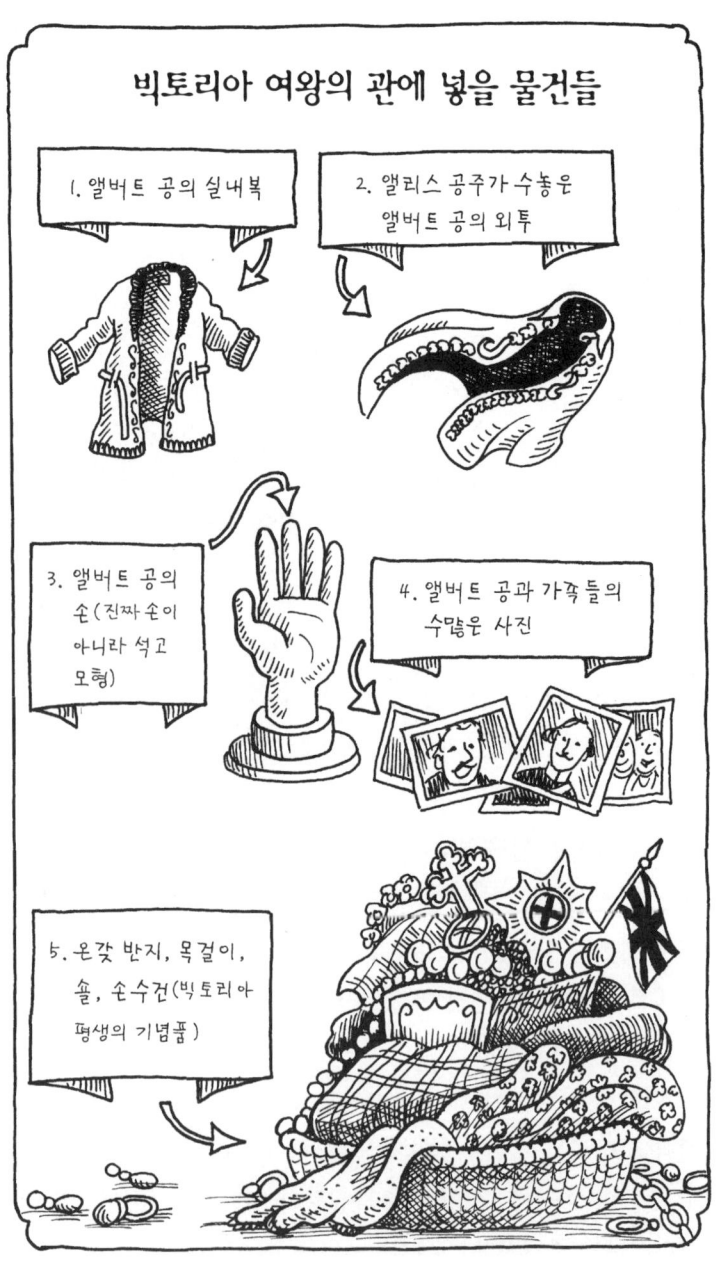

하지만 빅토리아의 관에 들어간 물건 중에서 사람들이 잘 모르는 것이 하나 있었다. 그건 바로 신경질적인 스코틀랜드 인 하인 존 브라운의 사진이었다. 사람들은 그의 사진을 여왕의 왼손에 넣어 꽃으로 교묘히 가렸다. 에드워드 왕세자가 그 사진을 보았다면 아마 야단이 났을 것이다.

빅토리아는 40년 동안이나 검은색 옷을 입었지만, 정작 장례식에서는 다른 색을 입기로 결정했다.

빅토리아 타임스

1901년 2월 1일

여왕을 위한 순백색의 장례식

오늘 빅토리아 여왕의 장례식은 여왕의 유언에 따라 순백색으로 치러졌다.

여왕은 흰색 면사포를 썼다. 게다가 흰 눈까지 내려 주어서 장례식은 흰색으로 물들었다.

여왕은 군대식으로 장례를 치러 달라고 요구했다. 그러나 행렬에 문제가 생겨서 계획에 약간 차질이 생겼다. 여왕의 관을 실은 마차가 언덕을 넘어 윈저 성으로 향하는 도중에, 말들이 날뛰어 마구를 끊은 것이다. 병사들은 여왕의 시신이 뒤에 남겨진 줄도 모른 채 언덕을 넘고 말았다.

> 자칫하면 큰 사단이 날 뻔했지만, 다행히 문제는 해결되었다. 해군은 왕의 허락을 받아 여왕의 관이 실린 마차를 밧줄로 끌고 언덕을 넘었다.
> 말을 옮기라는 명령을 전달받은 육군 사령관은 이렇게 투덜거렸다.
>
> "망할 놈의 해군들! 여왕의 장례식을 완전히 망쳐 버리고 말았어."
> 빅토리아는 윈저 성의 프로그모어에 앨버트 공과 나란히 묻혔다. 두 사람은 마침내 함께 하게 되었다.

이로써 한 시대가 저물었다. 빅토리아 시대는 이렇게 막을 내렸다. 빅토리아 여왕은 고집불통에 고루한 성격이었다. 하지만 한 시대의 전설이었다. 빅토리아는 대영 제국의 어머니였으며, 전 세계의 4분의 1을 다스린 여왕이자 인도의 여황제였다. 당나귀가 끄는 마차를 타고, 왕관 대신에 과부 모자를 쓴 늙은 여인치고는 엄청난 일을 해낸 셈이다. 빅토리아는 영국의 역대 왕 누구보다 많은 일을 해냈다.

국민들은 앞다투어 여왕을 그리워하는 시를 썼고, 유명 작가들은 빅토리아 여왕에 대해 저마다 평가를 내렸다. 그들의 평가를 모두 종합해 보면 이렇게 정리할 수 있을 것이다.

결국 빅토리아는 강인함, 전통, 고집, 영국의 위대함에 대한 흔들리지 않는 신념 등 빅토리아 시대의 좋은 점과 나쁜 점을 모조리 대표하는 인물이었다.

그럼 빅토리아 여왕에 대한 평가를 들어볼까?

하지만 에드워드 7세가 된 에드워드 왕세자는 빅토리아와 달랐다. '바람둥이 에드워드'는 구레나룻을 길렀고, 사냥개를 키웠으며, 진한 시가 냄새를 풍겼다. 그는 대담하고 유행을 선도하는 에드워드의 시대를 열 준비가 되어 있었다. 그리고 그를 말릴 간섭쟁이 어머니는 드디어 세상을 떠났다.

앗, 시리즈 (전 70권)

앗, 이렇게 재미있는 수학이!

어렵고 지루했던 수학이 순식간에 쉽고 즐거워집니다.
수학의 기초 원리에서부터 응용까지, 다양한 정보와
교양을 골라서 일목요연하게 정리해 줍니다.

01 수학이 모두 모여 수군수군
02 수학이 수리수리 마술이
03 수학이 수군수군
04 수학이 또 수군수군
05 수학이 자꾸 수군수군 1. 셈
06 수학이 자꾸 수군수군 2. 분수
07 수학이 자꾸 수군수군 3. 확률
08 수학이 자꾸 수군수군 4. 측정
09 대수와 방정맞은 방정식
10 도형이 도리도리
11 섬뜩섬뜩 삼각법
12 이상야릇 수의 세계
13 수학 공식이 꼬물꼬물
14 수학이 꿈틀꿈틀

앗, 시리즈 (전 70권)

앗, 이렇게 재미있는 과학이!

어렵고 지루했던 과학이 순식간에 쉽고 즐거워집니다. 복잡한 현대 과학의 기초 원리에서부터 응용까지 다루고 있으며, 다양한 정보와 교양을 골라서 일목요연하게 정리해 줍니다.

- 15 물리가 물렁물렁
- 16 화학이 화끈화끈
- 17 우주가 우왕좌왕
- 18 구석구석 인체 탐험
- 19 식물이 시끌시끌
- 20 벌레가 벌렁벌렁
- 21 동물이 뒹굴뒹굴
- 22 화산이 왈칵왈칵
- 23 소리가 숙삭숙삭
- 24 진화가 진짜진짜
- 25 꼬르륵 뱃속여행
- 26 두뇌가 뒤죽박죽
- 27 번들번들 빛나리
- 28 전기가 찌릿찌릿
- 29 과학자는 괴로워?
- 30 공룡이 용용 죽겠지
- 31 질병이 지끈지끈
- 32 지진이 우르쾅쾅
- 33 오싹오싹 무서운 독
- 34 에너지가 불끈불끈
- 35 태양계가 티격태격
- 36 튼튼탄탄 내 몸 관리
- 37 똑딱똑딱 시간 여행
- 38 미생물이 미끌미끌
- 39 의학이 으악으악
- 40 노발대발 야생동물
- 41 뜨끈뜨끈 지구 온난화
- 42 생각번뜩 아인슈타인
- 43 과학 천재 아이작 뉴턴
- 44 소름 돋는 과학 퀴즈

이거 상당히 놀랄 만한 이론인데!

앗, 시리즈 (전 70권)

앗, 이렇게 재미있는 사회·역사가!

어렵고 지루했던 사회·역사가 순식간에 쉽고 즐거워집니다. 사회·역사와 담을 쌓았던 친구들에게 생생한 학습 의욕을 불어넣어 줄, 꼭 필요한 정보와 교양만을 골라서 일목요연하게 정리해 줍니다.

- 45 바다가 바글바글
- 46 강물이 꾸물꾸물
- 47 폭풍이 푸하푸하
- 48 사막이 바싹바싹
- 49 높은 산이 아찔아찔
- 50 호수가 넘실넘실
- 51 오들오들 남극북극
- 52 우글우글 열대우림
- 53 올록볼록 올림픽
- 54 와글와글 월드컵
- 55 파고 파헤치는 고고학
- 56 이왕이면 이집트
- 57 그럴싸한 그리스
- 58 모든 길은 로마로
- 59 아슬아슬 아스텍
- 60 잉카가 이크이크
- 61 들썩들썩 석기 시대
- 62 어두컴컴 중세 시대
- 63 쿵쿵쾅쾅 제1차 세계 대전
- 64 쾅쾅탕탕 제2차 세계 대전
- 65 야심만만 알렉산더
- 66 위풍당당 엘리자베스 1세
- 67 위엄가득 빅토리아 여왕
- 68 비밀의 왕 투탕카멘
- 69 최강 여왕 클레오파트라
- 70 만능 천재 레오나르도 다 빈치

전 세계 2천만 독자가 함께 읽는
<앗, 시리즈>

전 세계 2천만 독자가 함께 읽는
<앗, 시리즈>

주인공이 나야, 사과야?

전 세계 2천만 독자가 함께 읽는
<앗, 시리즈>

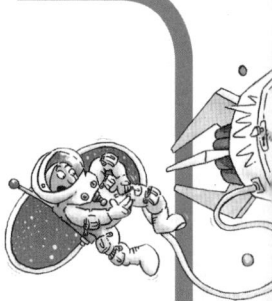